Stahlst. v. G.M. Kurz.

ge in Darmstadt.

Josef Wingenfeld · Offenbach am Main · Straßen und Plätze

Josef Wingenfeld

Offenbach am Main Straßen und Plätze

BINTZ-VERLAG

© 1979 Bintz-Verlag GmbH, Offenbach am Main
Alle Rechte vorbehalten
Nachdruck nur mit Genehmigung des Verlages

Gesamtherstellung:
Pressehaus Bintz-Verlag GmbH & Co. KG., Offenbach am Main
Die historischen Bildvorlagen stellte freundlicherweise das
Offenbacher Stadtarchiv zur Verfügung

ISBN 3-87079-005-9

Inhaltsverzeichnis

Vorwort für Eilige 7
Zusatz für Nichteilige 9
    Das Dorf Offenbach 9
    Der Marktflecken Offenbach 10
    Anfänge einer Stadt 11
    Aufstieg zur Stadt 11
    Die Industriestadt 13
    Die moderne Großstadt 16
Die Straßennamen 19–135
Literaturverzeichnis 136
Namen- und Sachverzeichnis 137

Vorwort für Eilige

Zur Zeit gibt es 538 benannte Straßen und Plätze in der Stadtgemeinde Offenbach, davon in den Gemarkungen Rumpenheim 43, Bieber 97, Bürgel 115 und Offenbach 283.
Der Leser wird verstehen, daß in einem Straßenbüchlein nicht alle Namen aufgenommen werden können, denn von diesen erklären sich viele von selbst, manche weisen keine Beziehung zu Offenbach auf, und einige sucht man gescheiter in einem Fachlexikon. So ist auf Akazien, Astern, Margeriten, Tannen, Kiefern, Weiden und Wacholder verzichtet, auch auf Offenbachs einzigen Vogel, den Fink.
Was sollen ferner schulmeisterlich aufgezählte Nebenflüßchen des Mains: Gersprenz, Mümling zur Linken und Kahl, Aschaff, Sulzbach, Elsawa, Erfa zur Rechten? Und die Anwohner der Anna- und Elisabethenstraße seien nicht verärgert, wenn ihre Mädchen fehlen. Diese Holden hatten die Straßentäufer einst aus der Luft gegriffen!
Derlei Willkür hat berühmten Offenbachern leider die Straße weggenommen wie etwa dem Stadtbaumeister Friedrich Raupp (Stadtkrankenhaus, Mainuferbauten, Hafen, Umbau der französich-reformierten Kirche und des Komödienhauses an der Kirchgasse), auch dem Offenbacher Maler Ludwig Riesbeck, den Metzlers und vor allem Offenbachs erstem Bürgermeister Peter Georg d'Orville. Kein d'Orville in Offenbachs Straßen!
Straßennamen erzählen Geschichten und Geschichte, Stadtgeschichte. Sie erzählen von der ersten Ansiedlung am Fluß, von dem Ortskern und dem etappenweisen Vordringen auf sumpfiger Niederterrasse tief in den Auenwald nach Süden. Den Offenbachern kam der Wasserstau sauer an, der in den Wiesen und Sümpfen steckte. Mühselig arbeiteten sie sich in nasse Wassergründe vor, in die Biegen (Biergrund) und nach Süden in Seen und Tümpel (Tempelsee).

Woher wissen wir das? Von den Namen der Gewanne, nach denen viele unserer Straßen heißen. Bis ins 12. Jahrhundert und vielleicht noch weiter zurück erhalten wir auf diese Weise Auskunft über alten Grund und Boden. Gewanne sind kleine benannte Geländestreifen. Flur nennt man dagegen die vermessene Fläche, die sich aus Gewannen zusammensetzt, aber keinen Namen erhält, sondern eine Ziffer.
Selbstverständlich berichtet dieses Büchlein auch von bedeutenden Persönlichkeiten, von Kaisern, Königen, Politikern, Industriellen, Erfindern, Philosophen, Künstlern, Wohltätern und vielen, vielen anderen – mögen sie mit Offenbach zu tun haben oder nicht. All ihrer ist gedacht.
Und nun viel Freude beim Nachschlagen!

Zusatz für Nichteilige

Eine Stadtgeschichte will nicht nur gelesen, sondern auch durchschritten sein – auf den Straßen. Machen wir uns auf den Weg, und bringen wir viel Zeit mit!

Das Dorf Offenbach

Die auf römisch-fränkischem Boden entstandene alte Fischer- und Bauernsiedlung, umgeben von Wassergraben und turmbewehrter Mauer, gibt es nicht mehr. Nur mit reicher Phantasie läßt sich der hufeisenförmige Ortskern, einer Burgmannensiedlung nicht unähnlich, rekonstruieren: von der Wasserburg, dem späteren Schloß, lief die „Breite Gaß" (Schloßstraße) als Mittelachse zweier gekrümmter Straßen, der Sand- und Glockengasse, gradlinig nach Süden, und an der Stelle, da beide Gassen auf die Schloßstraße stießen, stand das Tor. Wer von der heutigen Fußgängerbrücke am Busbahnhof auf die Schloßstraße hinabblickt, der muß sich genau zwischen seinem Standpunkt und dem Markt dieses Tor hingestellt denken.

Dereinst abgeschieden und unberührt von der großen Weltgeschichte, flickten die Fischer immer nur Netze, und die Bauern zogen immer nur Furchen. Sie fühlten sich geborgen in ihren Gassen hinter der Wucht von Mauern, und sobald eine Gefahr vorüber, strömten alle wieder zum Fluß und auf ihre Äcker.

Ob die Offenbacher einen ihrer Landesherren kannten? Von denen verirrte sich kaum einer in die „Breite Gaß" und zur Wasserburg an den Main. Die Offenbacher ahnten auch nichts von dem Spiel, das die Hayn-Münzenberger, die von Sayn, Vinneburg, Solms, Eppstein, Katzenelnbogen, Cronberg und Falkenstein mit ihnen zu spielen beliebten: kaufen, verkaufen, zu Lehen geben, zurückholen, sausen lassen, verpfänden und einlösen. Einlösen! Das war der Coup, der einem der Herren vor 1414 gelang und Offenbach vor der Vereinnahmung durch Frankfurt bewahrte.

Im Jahre 1486 wurde das Dorf schließlich von den Isenburgern käuflich erworben. Der gezielte Ausbau der Offenbacher Position gegenüber der Krönungs- und Messestadt Frankfurt konnte eingeleitet werden.

Das Dorf Offenbach war der mächtigen Stadt des Kaisers entschlüpft und aus seinem Schattendasein herausgetreten.

Der Marktflecken Offenbach

Um 1500 wird Offenbach erstmals Marktflecken genannt, obwohl sich an seiner Dörflichkeit nichts geändert hatte. Die Isenburg-Birsteiner, die 17 Jahre später den Flecken erwarben und 1556 zu ihrer Residenz erwählten, mag es gereizt haben, die alte Burganlage umzuwandeln. Tatsächlich glückte im Jahre 1568, das bisher mächtigste Schloß an den Main zu stellen, ein Schloß, das der Siedlung die Sonnenseite und dem Fluß die Trotzseite zukehrte. Die Isenburger vermochten auch, eine gewisse Ordnung in den Ort zu bringen. Eine Ortserweiterung, die erste, sollte einem der fähigsten Regenten der Isenburger gelingen, dem Grafen Johann Philipp (reg. 1685–1718). Planmäßig ließ der Graf um den Ortskern Straßen anlegen, gerade Straßen:

1691 Herrnstraße,
1702 Frankfurter Straße, Markt, Große Marktstraße (Judengasse), Großer Biergrund,
1708 Kleine Marktstraße, Kleiner Biergrund,
1725 (Rathaus, „Mehlwaage" genannt).

Nicht minder geplant war die Besiedlung neu erschlossenen Wohngebietes mit französischen Glaubensflüchtlingen, die allerorts eintrafen. Über die christliche Nächstenliebe hinaus zielte das gräfliche Wohlwollen freilich auf die Belebung und Industrialisierung des Marktfleckens, und so waren reiche Handwerker wie Seiden- und Leinweber, Strumpfwirker, Hutmacher, Goldarbeiter, Graveure, Färber und Uhrmacher sehr willkommen. Neugemeinde nannten sich die Zugezogenen.
Aufgewacht, sahen sich die Alteingesessenen von den Neuen umgeben und ärgerten sich sehr, weil man denen billiges Bauland und Privilegien gewährte. Wer hatte unsereinem das je gegeben, knurrten sie.
Damit die Gemüter sich nicht erhitzten und das begonnene Werk nicht in Aufruhr ende, setzte der Graf ein Isenburger Oberamt ein, dem die Altgemeinde mit einem Oberschultheißen und die Neugemeinde mit einem Amtmann gleichermaßen unterstanden.
Noch trug die Residenz Offenbach alle Zeichen eines Fleckens. Der Markt war vor den Mauern angelegt und Treffpunkt ländlicher Lebensinteressen.

Anfänge einer Stadt
Die Alten motzten, die Neuen gründeten Manufakturen. Dies ändere sich, wenn man beiden das Gefühl der Sicherheit und Zusammengehörigkeit gebe, überlegte Johann Philipps Nachfolger, Graf Wolfgang Ernst III., später gefürstet (reg. 1718–1754), und ließ um Neu- und Altgemeinde unter Schultheiß Schneider eine neue Mauer ziehen, nicht trotzig hoch und fest, sondern nur zur Abwehr von Gesindel und Wölfen. Geschehen in den Jahren 1732–1749 (Backplan 1750):

im Westen	zwischen der Herrn- und heutigen Kaiserstraße mit einem Tor, dem Frankfurter Tor (etwa am jetzigen Aliceplatz),
im Süden	entlang der alten Geleitsstraße mit dem Galgen- oder Ziegeltor südlich des Marktes,
im Osten	tats weiterhin der Hainbach als Grenze.

Wieder Zuwanderer! Frankfurter – in Offenbachs Stadtentwicklungsprozeß bisher leider unterbewertet. Reichsstädtischer Engstirnigkeit entflohen, wechselten sie nach Offenbach über und durften Fabriken bauen, was zuhause verboten war. Nikolaus Bernard machte 1733 den Anfang mit einer Schnupftabakfabrik an der unteren Herrnstraße. Er, der Frankfurter, ist der Begründer der Offenbacher Industrie.

Von Anbeginn spürten die Alteingesessenen die Überlegenheit der Zugewanderten und blickten neidisch in deren saubere geraden Straßen. Was lag da näher, als zu vergleichen und die ewige Plackerei auf dem Acker und am Fluß als aussichtslos zu erachten. Das war genau der Augenblick, da der alte Ortskern aufschmolz und sich bereit zeigte, in der neuen Wohn- und Lebensgemeinschaft aufzugehen und städtische Züge anzunehmen – trotz weiter bestehender politischer Teilung in eine Neu- und Altgemeinde (bis 1824).

Die junge Stadt fing an zu atmen, sie lebte und präsentierte ihr Gesicht, am deutlichsten in der „Frankfurter Gaß".

Aufstieg zur Stadt
Zweite Erweiterung. Auch diese Epoche – die glanzvollste der Offenbacher Stadtgeschichte, weil sie Maschine und Muse zu einen verstand – begann mit dem Bau neuer Straßen:
1766 Kanalstraße (Kaiserstraße),

1768 Neuer Markt (Aliceplatz) und Verlängerung der Frankfurter Straße (Niederlegung des Frankfurter Tores),
1780 Domstraße und „Neuer Weg zum Mayn" (Speyerstraße).
Die Altstadt, Hauptsitz der Altgemeinde, glich äußerlich wohl noch einem Dorf, aber die Bewohner hatten sich gewandelt. 1784 zählte man in der:

Glockengasse	21 Handwerker, 19 Arbeiter, 3 Tagelöhner, 1 Landwirt, 1 Fischer, 1 Schäfer, 1 Sekretär, 1 Fähnrich;
Sandgasse	25 Handwerker, 19 Arbeiter, 7 Tagelöhner, 1 Schreiber, 1 Künstler, 1 Rat.

Aus Bauern und Fischern waren in zweiter, dritter Generation Bürger der Stadt geworden.
Die Neugemeinde vergrößerte sich. Von billigem Bauland und Sondervergünstigungen angelockt, siedelten im Bauquartier zwischen Herrn- und Domstraße neue Zuwanderer. Aber nicht nur das. Man erweiterte alten Grundbesitz. Auch die Bernard-d'Orvilles, die das Gelände des jetzigen Büsingparks ankauften und 1780 ein Herrenhaus hinstellten. Oder die Andrés, die im Jahre 1784 ihre Notendruckerei von der Herrnstraße – das alte Andréhaus stand zwischen dem heutigen Klingspormuseum und dem Parkbadeingang – an die Domstraße verlegten.
Auf diesem Stück Offenbacher Boden zwischen jetziger Herrenhausruine und dem Denkmal an der Berliner Straße (alte Domstraße) begegneten sich drei bedeutende Männer: der Erfinder des Steindrucks, Alois Senefelder, der Notendrucker Anton André und der Künstler Peter Bernard. Von hier sind Senefeldersche Inkunabeln und Mozartsche Erstdrucke, in der benachbarten Musikkapelle des Peter Bernard erprobt, in alle Welt gegangen. Das Zusammenwirken dieser Drei ist über Offenbachs Grenzen hinaus ein in der Kulturgeschichte bedeutsames Ereignis.
Etwa 6000 Menschen teilten sich um 1790 in 20 Straßen und 2 Plätze. Dies dünkte dem damaligen Regenten, Fürst Wolfgang Ernst II., wohl zu wenig. Er trieb seinen Straßenbau voran und sagte sich: was der Kaiser kann, das kann ich auch. Und prompt stellte er seine Kasse an die Geleitsstraße. Am Main stand sie bereits. Doch der Fürst kassierte nicht nur, sondern er zapfte das kaiserliche Geleitsnetz auch an. Mit Erfolg. Denn mancher Kaufmann bog am Ziegeltor zum Offenbacher Markt ein und erreichte auf dem inzwischen ausgebauten Frankfurter Weg – das Tor am

Aliceplatz war beseitigt – bequemer und schneller die Grenze bei Oberrad als auf der ausgefahrenen Geleitsstraße. Aus der alten Gasse wurde die Frankfurter Straße, Offenbachs erste Geschäftsstraße.
Explosionsartig entfaltete sich wirtschaftliches und kulturelles Leben, alle Welt strömte nach Offenbach und nannte es Stadt.

Die Industriestadt des 19. Jahrhunderts

Offenbachs große schöngeistige Zeit fand 1805 mit dem Tode Peter Bernards ihr Ende. Zu Ende ging zehn Jahre später auch die mehr als 300-jährige Herrschaft der Isenburger Grafen und Fürsten. Neue Herren: die Österreicher, dann 1816 die Hessen-Darmstädter. Ihr Landgraf mußte ein Liebling der Götter gewesen sein. Nur fünf Minuten früher als der letzte Isenburger, Carl Moritz, war er aus dem napoleonischen Rheinbund ausgetreten und konnte deshalb sein Land behalten, ja noch vergrößern. Die Potentaten in Wien, das neue Europa erwürfelnd, gestanden ihm sogar den Titel eines Großherzogs zu. Auch Offenbach profitierte. Im Jahre 1819 erhielt es die ansehnliche Fläche von 1734 Markmorgen und durfte seine Grenze von der Friedrichstraße (Hainbach) zur Grenzstraße vorverlegen. An deren kerzengraden Verlauf ist diese Reißbrettoperation heute noch abzulesen.
Wie früher die Isenburger, sahen auch die großherzoglichen Darmstädter in Offenbach eine Art Brückenkopf gegen Frankfurt und begannen, nachdem sie am 8. 7. 1816 die Stadt erworben, ihre Position sofort auszubauen. Man baute und chaussierte:
1818 nach Südwest die Sprendlinger Landstraße als wichtige Verbindung zur Verwaltungszentrale in Darmstadt,
      nach Südost die Bieberer Landstraße, und man installierte
1819 im Norden eine Schiffsbrücke, um den Frankfurter Zoll zu umgehen und zugleich den Handelsweg nach Norden zu dem großherzoglichen Oberhessen abzukürzen.
      Eine wahrhaft große Tat: erstmals ein zweiter Flußübergang neben der allesbeherrschenden Frankfurter Alten Brücke!

Eine neue Epoche brach an. Offenbach stürzte sich in das Zeitalter der Maschine, in ein inhumanes Jahrhundert par excellence. 1855 klagte Heimatforscher Emil Pirazzi: „An die Stelle des geistigen Impulses ist der materielle getreten", und etwas drastischer nennt ein Alt-Offenbacher 1961 die Stadt „die am meisten industrialisierte Kommune Althessens mit großer wirtschaftlicher Kraft, aber amusisch bis in den Kern ihres Wesens".[1])
Folglich lockten nicht mehr Muse und Kunst, sondern neue Industriezweige, voran die Lederwarenindustrie. Auch Metallwaren und Maschinenbau. Zuletzt die Chemie. Dies blieb nicht ohne Einfluß auf den Bau von Straßen mit ihren Mietshäusern, Ein- und Zweifamilienhäusern, den Villen im Westen, dazwischen Fabriken und Gewerbebetriebe – sie alle wollten auf Straßen erreicht werden. Und so breiteten sich entlang den Ausfallstraßen nach West, Süd und Ost allmählich Straßennetze aus, vergleichbar einem Spinnengeweb, in dem sich Faden an Faden legt.
Planlos sei dies erfolgt, heißt es bisweilen, weil die starke Hand eines hauptamtlichen Bürgermeisters gefehlt. Aber schaut man auf die Karte, dann haben die Straßenbauer doch ein ganz passables Straßenbild geschaffen. Man bedenke: 1885, ja, im Jahre 1885 gibt es auf einem Straßenplan bereits den Ring Taunus-Odenwald–Spessart (geplant), unsre heutige Ringrennbahn! Und wie brav stoßen Straßen und Sträßchen auf diesen Ring – ganz im Sinne damaliger Planung.
Drei große Industrieschwerpunkte bildeten sich, leicht zu erreichen auf neuen Gleisanschlüssen und Straßen:

im Nordwesten am jetzigen Hafen, dem das Projekt einer Grünanlage und eines Parks im Mainbogen weichen mußte,

im Nordosten entlang der Ausfallstraße nach Mühlheim und

im Süden längs dem oben erwähnten geplanten Grüngürtel von 1885.

Im einzelnen verlief die Entwicklung wie folgt:
1830 in der Planung die Stadterweiterung zur Gerber(Arthur-Zitscher-)straße–Kasernenstraße–Linden(Bismarck-)straße –Ludwigstraße–Brenner(Bettina-)straße–Main.

---

1) E. E. Günther, Offenbach-Impressionen, Offenbacher Geschichtsblätter Nr. 10, S. 22, Offenbach 1961.

1871 obige Planung ausgeführt.
1876 auf Veranlassung von Emil Pirazzi am 17. August Straßentaufen und Umbenennungen:

Ahornstraße (nicht die heutige)	in Wilhelmstraße
Brennerstraße	in Bettinastraße
Feldstraße (westlicher Teil)	in Moltkestraße
Lindenstraße	in Bismarckstraße
Kreuzstraße (nicht die heutige)	in Goethestraße
Stiftstraße	in Bernardstraße
Stiftstraße (östlicher Teil)	in Speyerstraße
Neumarkt	in Wilhelmsplatz
Kanal- und Darmstädter Straße	in Kaiserstraße
Steinheimer Straße	in Mathildenstraße
Sprendlinger Weg	Senefelder Straße

Neue Benennungen:
André-, Grenz-, Gustav-Adolf-, Lili-, Sedan- (heute Chr.-Pleß-), Querstraße.
Ferner nach Gewannen die Flut-, Garten-, Graben-, Landgrafen-, Radfeld-, Tempelseestraße.
1885 Hohe-, Friedens-, Körnerstraße.
Wenig später die Hebe-, Hermann-, Rosenaustraße, Goethe- und Löwenring (heute August-Bebel-Ring).
In diesem Jahr wurde folgender Grüngürtel um die Stadt geplant (heutige Straßennamen):
Nordring mit vorgesehenem Mainpark am Hafen
Goethering
August-Bebel-Ring
Dreieichring
Isenburgring
Verbindungsstück mitten durch das heutige Krankenhausgelände zum
Friedrichsring
Hessenring
Landgrafenring
(Unterbrechung)
Alter Friedhof West- und Nordseite
Grenzweg zum Main
Ferner die Ringstraße Taunus-, Odenwald- und Spessartring.
1897 Emil Pirazzi schlägt vor: Dreieichring, Eginhard- und Emmastraße.

Die moderne Großstadt

Vor dem ersten Weltkrieg reichte die geschlossen bebaute Fläche
im Nordwesten bis zur Bettinastraße,
im Westen zum Anlagenring,
im Süden zum Starkenburg-, Friedrichsring,
zur Friedens-, Landgrafenstraße und
im Osten zum Alten Friedhof/Austraße.

In geringfügiger Abänderung auf dem heutigen Krankenhausgelände wurde auch der 1885 geplante Grüngürtel um die Stadt begonnen: Goethe-, Dreieich-, Isenburg-, Starkenburg-, Friedrichs-, Hessen- und Landgrafenring. Drei Jahrzehnte sollten diese Arbeiten dauern.

Eine Stadt ist erst eine richtige Stadt, wenn sie die Umgebung vereinnahmt. Siehe Frankfurt. Auch Offenbach ließ seine Blicke über die Geographie schweifen und hat dann eingemeindet:

1908 Bürgel – in gegenseitigem Einvernehmen. Zusätzlich gewann Offenbach damals noch die Gemarkung Offenbacher Hintermark bei Patershausen und Forst Offenbach, alles eingehandelt für eine Straßenbahn, die man nach Bürgel legte.

1938 Bieber – bis heute eigenständig geblieben und immer noch grollend ob des Offenbacher Handstreichs.

1942 Rumpenheim – nicht weniger unter Druck der Partei „aus Gründen des öffentlichen Wohles". Mit Rumpenheim kam auch der 1911 als Landhauskolonie gegründete Ortsteil Waldheim zu Offenbach.

Diese Eingemeindungen brachten einige Änderungen und Anpassungen von Straßennamen.

Der zweite Weltkrieg warf Offenbach auf Null zurück. Neuer Anfang. Aber unglaublich, wie verhältnismäßig rasch sich die Stadt erholte und wieder Mittelpunktfunktion erlangte. Sie rückte zur Großstadt auf. Selbst in kühnsten Träumen hätten Isenburger Grafen und Fürsten sich dies nicht vorzustellen gewagt!

Während das vergangene Jahrhundert eine Zusammenballung von Mietshäusern und Gewerbebetrieben in Kauf nahm und die Altstadt teilweise verkommen ließ, breiteten die Straßenbauer unserer Zeit ihre Straßennetze aus wie Fächer über noch ungenutzte Flächen und erschlossen neue Siedlungen: Kaiserlei, Lauterborn, Carl Ulrich, Bieber-West, Bieber-Waldhof, Hans Böckler und Mainpark. Auch vergaßen sie nicht, die Bebauung durch Erho-

lungsparks und Sportzentren aufzulockern. Sogar auf dem Trümmerfeld der Altstadt entstand wohnlicher Lebensraum in unmittelbarer Nähe der City mit ihrer Fußgängerzone:
Auf breitem, über Tiefgaragen aufgespanntem Stahlbeton die zweite Ebene. Ringsum Treppen, Rampen, Würfel, Quader und darüber, alles überragend, der Rathausturm, das Wahrzeichen des heutigen Offenbach. Kühne Stadtplanung auf dem Gelände zwischen Frankfurter-, Berliner-, Schloß- und Kaiserstraße schuf ein Stück modernster Welt!
Auch die Musen, die man im letzten Jahrhundert abgeschrieben, sind längst wieder eingekehrt, wie das reiche und vielfältige kulturelle Angebot tagtäglich ausweist.
Und die Straßen? Auf ihnen ist Offenbach der Mainmetropole Frankfurt eine Nasenlänge voraus. Autobahnen berühren die Stadt in Süd und West, und Autobahnzubringer locken zur Ausfahrt und zum Verweilen in Offenbach, denn schnell ist man in der City und bleibt in der Peripherie nicht stecken.

Aber Offenbachs Zukunft?

Die Großstadt, die es vor 200 Jahren gewagt hat, als Dorf vor Frankfurts Toren und ohne Erlaunis des Kaisers im Alleingang kühn zur Stadt aufzusteigen –,
die Großstadt, die sich, da der große Nachbar keine Befestigungen duldete, Bastionen aus Toleranz, Geist und Wagemut geschaffen –,
die Großstadt, die ob ihrer weltoffenen Gesinnung im Jahre 1956 zusammen mit der französischen Partnerstadt Puteaux unter 70 Bewerbern ausgewählt und vom Hauptquartier der europäischen Einigung in Straßburg mit dem Europapreis ausgezeichnet wurde –,
diese Großstadt gehört nun seit 1974, nachdem die mehr als tausendjährige schützende Westgrenze erstmals gefallen, zum Umlandverband Frankfurt und muß Selbstverwaltungsrechte abgeben. Wie weit Offenbachs selbständige Entwicklung in Zukunft noch möglich ist, wird von Kommunalpolitikern abhängen. Man kann erhalten, was mühsam errungen, man kann aber auch verschenken!

Die Straßennamen

Adolf-Kolping-Platz (Bg)
Benannt nach Adolf Kolping (1813–1865), dem Begründer der katholischen Gesellenvereine.

Ahornstraße
In den 70er Jahren des letzten Jahrhunderts angelegt und nach Ahornbäumen benannt, die dort einst standen. Die Wilhelmstraße führte bis 1876 diesen Namen.

Aliceplatz
Zu Ehren der Großherzogin Alice von Hessen (1843–1878) benannt. Alice Maud Mary, zweite Tochter der Königin Viktoria von Großbritannien, war mit Großherzog Ludwig IV. von Hessen vermählt.

Geschichte des Aliceplatzes

1768 im Zuge der Stadterweiterung als „Neuer Markt" angelegt, allerdings mit dem Hintergedanken, Frankfurter Roßhändler nach dem aufblühenden Offenbach zu locken. Sogar das Frankfurter Tor, das im Wege stand, wurde niedergelegt und die Frankfurter Chaussee ausgebaut.
Doch wer nicht erschien, waren die Frankfurter Rösser. Enttäuscht holte Fürst Wolfgang Ernst II. dann seine Truppen auf den Platz und erfreute sich an deren bunten Uniformen. 1794 zog er auf die andere Straßenseite, aus dem Stadthaus in das gegenüberliegende schöne Hugenottenhaus, heute Haus Hassert-Bettermann, um seine Exerzierer aus nächster Nähe beobachten zu können. Neues Straßenschild: Paradeplatz.

1830 erwirbt die Stadt den Platz.
1859 ein kleiner Skandal: die Offenbacher sind zu einer Schillerfeier zahlreich erschienen, doch die Veranstalter lassen auf sich warten. Tumult. Die Feier platzt (siehe: Schillerplatz). Der Platz heißt weiterhin Paradeplatz.
1878, am 2. September, Enthüllung und Einweihung eines Kriegerdenkmals anläßlich des deutsch-französischen Krieges 1870/71 (das Denkmal wurde 1958 entfernt und im Alten Fried-

hof aufgestellt). Die Figur des Kriegerdenkmals ist von Bildhauer Keller, der Sockel von Stadtbaumeister Raupp geschaffen. 1879 Umbenennung in „Aliceplatz" zu Ehren der verstorbenen Großherzogin Alice von Hessen.
1884 siedelt die Post vom Krimmergäßchen in ein neues Gebäude am Aliceplatz um.
1890: zieht auch die 1773 gegründete „Offenbacher Zeitung" an den Aliceplatz, genauer: in die Große Marktstraße 50, heute Offenbach-Post, Große Marktstraße 36–44.
1933: Umbenennung in „Horst-Wessel-Platz".
1945: wieder „Aliceplatz".

Alicestraße (Bg)
Neuere Straße. Benennung siehe: Aliceplatz.

Alt-Bieber (Bi)
Eine der ältesten Straßen Biebers, früher: Hintergasse.

Am Aussichtsturm (Bi)
Neuere Straße, benannt nach dem nahe gelegenen Bieberer Aussichtsturm.
Einweihung des Turms am 6. 8. 1882. Der Offenbacher Verschönerungsverein hatte ihn aufstellen lassen, um jung und alt aus 24 m Höhe ringsum in das „Dreiländereck" Bieber, Bürgel und Rumpenheim blicken zu lassen. 128 Stufen. Baukosten 7500 Reichsmark.
1924 wurde der Turm vom Wanderverein übernommen. Heute ist er im Besitz des Liegenschaftsamtes der Stadt Offenbach.
Der Offenbacher „Scherbelino", der zur Zeit auf dem Schnekkenberg emporwächst, wird bald eine weitere und bessere Aussicht gewähren.

Am Grenzgraben
So heißt der schmale Fußweg, der von der Haltestelle der Linie 16 (Stadtgrenze) an einem Graben entlang in Offenbachs ruhigstes Villenviertel führt.
Es ist schon lange her, da die Franken die Alemannen vom Main nach Süden abdrängten und 500 n. Chr. den Graben in eine ihrer Grenzen einbezogen: Offenbach gehörte zum Maingau, Oberrad zum Oberrheingau. Fertig war die Grenze für die nächsten 1500 Jahre – nur wechselten die Anlieger im Laufe der Zeit:

Frankfurter Seite (Rheingau)　　**Offenbacher Seite** (Maingau)
REICHSGUT

1372 Freie Reichsstadt	seit 13. Jahrhundert versch. Territorialherren
	1486 Isenburg-Büdingen
	1517 Isenburg-Birstein
	1635 Landgrafschaft Hessen-Darmstadt
	1642 Grafschaft Isenburg-Birstein
	1744 Fürstentum Isenburg-Birstein
1806 Verlust der Freiheit (Code Napoléon)	
1810 Großherzogtum Frankfurt	
1813 (6. 11.) Generalgouvernement Frankfurt (14. 12.) Wieder freie Stadt nach dem Stand von 1803	1813 Offenbach ist dem Generalgouvernement Frankfurt unterstellt
	1815 Offenbach steht unter österreichischer Verwaltung
	1816 Großherzogtum Hessen

1866 Verlust der Freiheit (Preußen)
1934 30. 3. Gesetzliche Grenzregulierung zwischen Offenbach und Frankfurt.
1945 Hessen. Die alte Grenze trennt die Regierungsbezirke Darmstadt und Wiesbaden. Stadtgrenze zwischen Offenbach und Frankfurt, die Landesgrenze selbst ist aufgehoben.
1968 Auflösung des Regierungsbezirks Wiesbaden und Zuteilung an Darmstadt.
1975 Die kreisfreie Stadt Offenbach gehört zum „Umlandverband Frankfurt" und muß Selbstverwaltungsrechte an ihn abgeben. Wie weit die bisherige selbständige Entwicklung Offenbachs in Zukunft noch möglich ist, bleibt ungewiß.

Ein Kuriosum an der Landesgrenze: der hängende Grenzstein im Bogen der Grenzgrabenbrücke. Links das großherzoglich-hessische Wappen und auf der rechten Hälfte der Frankfurter Adler.

Am Heiligenstock (Bi)
Alte Bieberer Flurbezeichnung (siehe: Im Frankfurter Grund).

Am Hinterberg (Bi)
Neuere Straße, benannt nach der Gewann „Im Hinterberg", d. h. hinter dem Bieberer Berg.

Am Hirtenschild (Bi)
Neuere Straße in der Gewann „Hirtenschild", einem früheren Weideland, das die Form eines Schildes hatte.

Am Kandel (Bi)
Neuere Straße, erinnert an die Gewann „Am Kandel in der Walpertswiese" (siehe: Walpertswiesenweg). Die Walpertswiese erstreckte sich längs der Bieber bis zur Käsmühl. Mit Kandel = Rendel (Wasserrinne) ist der Bach gemeint.

Am Klingenrain (R)
Ältere nach einer Rumpenheimer Flurbezeichnung benannte Straße.

Am Maingarten (Bg)
Ältere Straße, benannt nach den am Main befindlichen Gärten (Allmendgrundstücke der Gemeinde).

Am Michelsee (Bi)
Neue Straße, benannt nach der am Lämmerspieler Weg gelegenen Gewann „Auf dem Michelsee". Michel geht auf einen Namen zurück.

Am Mühlwehr (Bi)
Ältere Straße, nach der ehemaligen Mühle in Bieber benannt. Früher: Mühlgäßchen.

Am Pfortengraben (R)
Ältere Straße, nach einer Gewann benannt.

Am Rebstock (Bi)
Alte Straße, benannt nach dem Gasthaus „Zum Rebstock". Früher: Oberstraße, Blücherstraße.

Am Schneckenberg (Bg)
Nach dem nahe gelegenen Schneckenberg (130 m) benannt. Die Straße endet in der städtischen Müllabfuhr. Im ehemaligen Kalkbruch, aus dem bereits die Römer wertvollen Baustoff zum Main transportiert und an der Bürgeler Bildstockstraße verladen haben sollen, ist ein gewaltiger Offenbacher „Scherbelino" in die Höhe gewachsen, der einen weiten Rundblick gewährt. Ein geplantes Restaurant und ein Turm sollen später einmal die Besucher anlocken.
Im Schneckenberg ist ein Kalkmergel abgebaut worden, in dem sich die Schnecke Hydrobia und die Muschel Corbicula fanden, Tiere ehemaligen Brackwassers.

Am Waldeck (Bi)
In der Gewann „Leimenkaute" – Lehmkaute.

Am Waldpark (Bg)
Neuere Straße, die ihren Namen der ruhigen Lage am Waldgebiet auf dem Bieberer Berg verdankt. Bei Kickersspielen ist die Ruhe um die villenartigen Zwei- und Dreifamilienhäuschen allerdings dahin.

An der Roten Warte (R)
Alte Straße. Teilstück der ehemaligen Geleitsstraße, die an der Roten Warte, einem Hauptgeleits- und Wachtposten mit Turm, Geschütz und Wächterhaus, vorüberführte.
Am Uferrand eines ehemaligen Mainarmes gelegen, bot der Punkt schon den Römern gute Übersicht und einer nahe gelegenen Siedlung Schutz. Das Mittelalter erweiterte den Gesichtskreis und zog einen Turm in die Höhe, Rote Warte genannt.
Die Warte hatte bis zu den napoleonischen Kriegen die Aufgabe, Zoll zu erheben und den Durchlaß durch die Kurmainzer Landwehr zu bewachen, die von der Warte über die Käsmühle nach Heusenstamm weiterlief. Später Wirtshaus, das von all denen gern aufgesucht worden ist, die zu Fuß zur Arbeit gehen mußten.

Da staunte manch einer:
> Unnich de Wart hatt ich se noch,
> obbich de Wart – se warn fort!

Bebraer Bahn und Mühlheimer Straße haben auch diese letzten Einkehrer weggenommen, und heute ist es um die Rote Warte sehr ruhig geworden, auch um die alte Geleitsstraße.

Andréstraße

1876 bereits benannt, aber erst um die Jahrhundertwende ausgebaut im Zuge der Errichtung der Versorgungswerke (Stadtwerke) und der Umgestaltung des Mainparks in einen Hafen. Die auf einen Naturpark zielende Stadtplanung von 1885 war also umgeworfen und ein Industriegebiet erschlossen, das man bei Westwindlage eigentlich im Osten einer Stadt anzulegen pflegt. Durch die Umplanung mußte die Andréstraße zur Pirazzistraße, damals noch „Uhlandstraße", nach Süden abgebogen werden (siehe: Hafen).

Familie André

Die Andrés sind ein Musterbeispiel für den raschen Aufstieg tüchtiger Handwerker in Offenbach. Die Vorfahren waren Hugenotten. Als Seidenweber schwenkten die Andrés zur Musik über, wurden Notendrucker, Verleger und Tonsetzer. Die berühmtesten Andrés:

Johann André (1741–1799)
Seidenfabrikant, Musikverleger, Kapellmeister, Singspiel- und Liederkomponist.
Sohn Anton André (1775–1842)
Musikverleger, Kapellmeister, Komponist und Musikwissenschaftler. Vervollkommnet zusammen mit Alois Senefelder die Lithographie. Mozartsche Erstdrucke.

Stadtwerke

Die Stadtwerke versorgen heute Haushalt, Industrie, Handel und Gewerbe der Stadt und des Kreises mit nahezu 400000 Einwohnern auf einer Fläche von etwa 380 Quadratkilometern.
1847 Gründung einer Gasgesellschaft.
1848 kleines privates Gaswerk an der Ludwigstraße (auf dem Gelände der Goetheschule bis zur heutigen Berliner Straße; siehe Ludwigstraße).
Am 2. Februar erste Gasbeleuchtung in Offenbach!

1859 als eine der ersten deutschen Städte erhält Offenbach eine moderne zentrale Grundwasserversorgung. Quellgebiet: Kalte Klinge (südlich der Rosenhöhe).
1879 am 1. Juli geht das Gaswerk in den Besitz der Stadt über.
1885 Zusammenlegung von Gas und Wasser unter dem Namen „Städtisches Gas- und Wasserwerk".
1902 15. September: Inbetriebnahme des E-Werkes, erste Versorgung mit Gleichstom.
1908 am 2. Juli nimmt das neue Gaswerk seine Arbeit auf (1928 stillgelegt und Offenbach an die Frankfurter Gasgesellschaft, später Maingaswerke, angeschlossen). Das alte Werk an der Ludwigstraße wird abgerissen.
1939 Umbenennung der Versorgungswerke in Stadtwerke.
1954 Fernwärmeversorgung.
1967 Bau der Wassertürme auf dem Bieberer Berg. Am 1. Juli geht die Gasversorgung an die Main-Gaswerke AG über.
1974 Die Energieabgabe (kWh) übersteigt die Milliardengrenze.
1976 neue Trinkwasserleitung vom Lämmerspieler Weg zum Isenburgring.

Anhalter Straße (Bg)
Neuere Straße, erinnert an ehem. deutsches Ostgebiet mit Dessau als Hauptstadt.

Anton-Bruckner-Straße
Neuere Straße, benannt nach dem Komponisten Anton Bruckner (geb. 1824 Ansfelden/Österreich, gest. 1896 Wien). Außer neun Sinfonien schrieb er drei Messen, ein Requiem und Kammermusik.

Anzengruberstraße (Bi)
Neuere Straße, benannt nach Ludwig Anzengruber (geb. 1839 Wien, gest. 1889 ebd.). Schriftsteller des Naturalismus. Bauerndrama: „Der Meineidbauer".

Äpfelallee
Bauliche Erweiterungen Ende des 19. Jahrhunderts haben diese schöne Allee, auf der auch Jung Goethe lustgewandelt, verschwinden lassen. Die Allee war ein beliebter Spazierweg zwischen Offenbach und Frankfurt.

In prähistorischer Zeit ein Pfad, bei den Römern eine Straße, 1405 ein Feldweg und im 18./19. Jahrhundert eine Allee mit schattenspendenden Bäumen. Im Jahre 1715 hatte man sie angepflanzt, aber heute kann keiner mehr feststellen, ob der Apfel wirklich ein Apfel gewesen – wie im Falle Paradies.
Ihr Verlauf: Domstraße–Bernardstraße–Strahlenberger Straße–Deutschherrnufer. Nach Osten setzte sie sich fort – unbepflanzt – über die Schloßstraße zur Ziegelstraße–Mainstraße bis Bürgel.
Prominente Spaziergänger lobten die Schönheit dieser Allee, so z. B. Charlotte von Stein am 11. 5. 1789: „... es war ein prächtiger Abend und die Luft voll Blütengeruch."
Oder Emil Pirazzi 1879: „Ein Wandern zwischen grünen Saaten und Blütenbäumen oder durch goldene, wogende Ährenfelder. Vor sich den Kaiserdom mit seiner abgestumpften Kuppel. Die aus ihrem Kastanienhain malerisch aufragende Gerbermühle, den wallenden Strom zur Seite, darüber sich erhebend im Vorblick das prächtige Frankfurt und als Hintergrund die ganze Taunuskette!"
Auch Otto Fürst von Bismarck, der von 1851–59 als preußischer Gesandter in Frankfurt wohnte, erst in der Hochstraße, dann in der großen Gallusstraße: „An Offenbach habe ich die schönsten Erinnerungen. Während meiner Frankfurter Zeit war es der liebste Ausflugsort meiner Familie. Sagte ich: heute geht es nach Offenbach, so brach der Jubel los. Wir wanderten dann zur Sommerzeit durch Sachsenhausen, am Main entlang, am Kastanienhain der alten Mühle vorbei, immer durch grüne Wiesen auf engem Pfad ins stille Städtchen Offenbach. In einer Wirtschaft in der Altstadt an den Mainterrassen, von hohen Bäumen beschattet, rasteten wir bis zum Abendläuten. Die Freude war groß, wenn ich dem Fischer winkte und der Kahn ans Land stieß. Wir ließen uns stromabwärts treiben."

Arendsstraße (Bg)
Benannt nach Leopold Alexander Friedrich Arends (1817–1882), dem Begründer eines stenographischen Systems.

Arndtstraße
1876 geplant, 1885 benannt nach dem Freiheitsdichter Ernst Moritz Arndt (geb. 1769 Schoritz/Rügen, gest. 1860 Bonn). Die Straße wurde 1895 angelegt.

In den Tagen des Jahres 1848, da sich in Frankfurt das Paulskirchenparlament versammelte, kam Arndt mehrmals zu Besuch nach Offenbach in das Haus auf dem Linsenberg, das der Arzt und Sprachforscher Dr. Karl Ferdinand Becker bewohnte. „Wie oft sah ich den 80jährigen Ernst Moritz Arndt mit der Frische eines Jünglings, die dunkle Tuchmütze auf dem Haupt, mit seinem Krückstock die Erde stampfend", berichtet Beckers Schwiegersohn Dr. Helmesdörfer.

Arnoldstraße (Bg)
Ältere Straße, benannt nach dem aus Bürgel stammenden Schriftsteller Joannes Arnoldus Bergellanus, der um 1541 in lateinischer Sprache ein Loblied auf die Druckerkunst verfaßt hatte. Er widmete es dem Erzbischof von Mainz, Albrecht von Brandenburg. Von 1873–1908 hieß diese Straße „Schulgasse", vorher „Neugasse".

Arthur-Zitscher-Straße
Benannt nach dem Chemiker Dr. Arthur Zitscher (1880–1965), dem Leiter des Farblabors bei Naphtholchemie (Erfindung von Farbstoffen). Früher: Gerberstraße (1864).

Aschaffenburger Straße (Bi)
Ältere Straße, 1818 als Chaussee ausgebaut. Früher: Offenbacher Straße, vorübergehend auch Braunauer Straße.

Aschaffweg
Neuere Straße, nach dem Nebenfluß des Mains benannt.

Auf der Reiswiese
Neuere Straße, an die Gewann „Reiswiese" erinnernd. Im Jahre 1839 verpachtete die Stadt Offenbach auf der Reiswiese und anderen Fluren zusammen 230 Morgen Feldgüter und Gärten.
Etymologie: 1381 Russel wyesen, 1448 Ruselten wiesen, 1462 Ruschwiesen, 1477 Roiß weißen, 1543 Ruswiesen, 1563 Reus wisen, 1702 Reisch wiß, dann Reiswiese.
Das Mittelhochdeutsche Wort „rozen" heißt so viel wie „faulen lassen". Auf dieser Wiese wurde der Flachs in Wassergruben zubereitet (Jost).

Auf der Rosenhöhe

Neuere Straße, die zum südlichen Waldgebiet ansteigt und nach Darmstädter Vorbild „Rosenhöhe" genannt wurde. Heute Offenbacher Sportzentrum (Eröffnung des Waldschwimmbades am 7. 7. 1951, Einweihung der Sportanlagen am 25./26. 5. 1963).
Aus der südlich gelegenen Kalte-Klinge-Quelle im Offenbacher Forst bezog die Stadt im Jahre 1859 ihr erstes Trinkwasser mit einem Tagesbedarf von 480 000 Litern für 15 000 Einwohner. Der Leitungsdruck war durch das Gefälle zum Marktplatz gegeben.
Der „Trimm-Dich-Pfad" liegt genau im sog. Polackengarten, zu dem drei Jahre lang von 1788 bis 1791 der polnische Sektierer Jakob Frank oft hinauszog, begleitet von einem hofstaatähnlichen Gefolge, einer israelitischen Sekte. Frank bewohnte das Haus Ecke Kaiser-/Große Marktstraße.

August-Bebel-Ring

Ende des 19. Jahrhunderts geplant, später erst ausgebaut. Benannt nach dem Politiker und Mitbegründer der SPD, August Bebel (geb. 1840 Köln-Deutz, gest. 1913 Passug/Schweiz). Die Berliner Straße hat den August-Bebel-Ring vom Goethering getrennt.
1873 „projektierte Promenade" in der alten Gewann „Auf der Reiswiese" (siehe „Auf der Reiswiese").
1885 „Löwenstraße", benannt nach der um 1860 erbauten Löwenruhe und deren Besitzer General Löw von und zu Steinfurth. Heute befinden sich auf diesem Gelände die Gebäude des Bundeswetterdienstes.
1922/23 als Anlage ausgebaut und nach August Bebel benannt.
1933 Adolf-Hitler-Ring.
1945 in August-Bebel-Ring umbenannt.

August-Hecht-Straße

Schon 1864 geplant, 1893 „Lessingstraße". Seit Juni 1938 trägt sie den Namen des verdienten Offenbacher Heimatforschers August Daniel Hecht (1863–1943), der seine umfangreiche Privatsammlung, darunter Offenbacher Fayencen aus dem 18. Jahrhundert, dem Offenbacher Stadtarchiv vermacht hat. August Hecht war lange im Vorstand der Industrie- und Handelskammer, ebenso im Aufsichtsrat des Bankvereins.

Aulmannstraße

Neue Straße, benannt nach dem Offenbacher Maler Johann Christian Aulmann (geb. 1873, gest. 1908). Aulmann, Sohn des Offenbacher Fotografen Georg Aulmann, war Schüler von Carl Bode.

Austraße

1864 nach der dort gelegenen und 1448 erstmals erwähnten Au benannt, einem einst zur Bieger Mark gehörenden feuchten Weideland (Au = ahwa (althochdeutsch) = aqua (lateinisch) = Wasser). Die Straße wurde 1865 eröffnet.

Bachstraße

Der um 1876 angelegten Straße gab „Die alte Bach" den Namen (siehe: „Hainbachweg"). Oft sagt man auch Gänsbach = Grenzbach. Die nahe gelegene Bach-Schule ist nach dem Bach benannt und nicht nach Johann Sebastian Bach, wie bisweilen geglaubt wird (siehe: Hainbachweg).

Backstraße

Neuere Straße, benannt nach dem Kupferstecher Johann Conrad Back, der im Jahre 1750 den ersten Offenbacher Stadtplan gezeichnet und in Kupfer gestochen hat: „Grund-Riss des Uhr Alten Fürstl. Residentz-Orts u. Marckfleckens Offenbach am Mayn."

Bahnhofstraße

Kurz vor 1864 auf dem „Rödergraben" (siehe: „Rödernstraße") angelegt und nach Offenbachs ältestem Bahnhof, dem Lokalbahnhof, benannt.

Die Lokalbahn

Dem hessisch-darmstädtischen Plan, Offenbach zu einem Nordsüd-Ostwest-Eisenbahnknotenpunkt zu machen, trat Frankfurt beharrlich entgegen und gestattete lediglich eine kleine Schienenabzweigung ohne Umschlagsmonopol, das den Frankfurtern vorbehalten blieb.

1838 Konzessionserteilung, aber der Baubeginn verzögerte sich durch Verhandlungen mit Weingartenbesitzern.
1846 Eröffnung nur für den Güterverkehr.

1848 von der Revolution ermuntert, erzwingt die Volksmenge am 8. März den Personenverkehr. Sie dringt in den Bahnhof ein, das Zugpersonal muß die Lok anheizen. Unter dem Jubel der Menge setzt sich dann der Zug in Bewegung.
Alle Welt fährt hin und her, ohne einen Groschen zu zahlen, bis schließlich eines Tages eine Kupferbüchse in den Wagen herumgereicht wird. Eine Woche später erteilt die Hessische Regierung die Genehmigung zur Eröffnung der Bahnstrecke. Regulärer Kartenverkauf. 497320 Personen wurden in diesem Jahr befördert. Wagenpark: 3 Loks, 18 Personenwagen und 8 offene Güter- und Packwagen.
Welche Zeitersparnis gegenüber dem Schiff, das 1848 seine Fahrt einstellte! Die Lokalbahn hieß bald der „Äppelwoiexpreß", weil Punkt 12 Uhr nachts die letzten Äppelwoitrinker von Sachsenhausen nach Offenbach befördert zu werden pflegten. In der letzten Bahn ging es dann sehr gemütlich zu!

1946 Wiederaufnahme des Lokalbahnverkehrs.
1948 19. April: Feier des 100jährigen Bestehens der Lokalbahn im Theater an der Goethestraße.
1955 1. Oktober: letzte Fahrt der Lokalbahn!

Beethovenstraße

Neuere Straße zum Gedenken an Ludwig van Beethoven (geb. 1770 Bonn, gest. 1827 Wien). Ein persönlicher Aufenthalt des Komponisten in Offenbach ist nicht nachzuweisen, aber folgende interessante Beziehungen verdienen erwähnt zu werden.
Im Oktober des Jahres 1791 fuhr der Einundzwanzigjährige auf einem Segelschiff mainaufwärts an Offenbach vorüber. Damals spielte er als Bratscher in der kurkölnischen Kapelle, die in Miltenberg an Land ging und in Kutschen bis Mergentheim weiterfuhr. Der Hochmeister des Deutschen Ordens, Maria Theresias jüngster Sohn Erzherzog Maximilian Franz, Kurfürst von Köln, hatte nämlich zum Generalkapitel 1791 seine Musikkapelle zum Sitz des Deutschen Ordens nach Mergentheim beordert.
Später widmete Beethoven in Wien der Freiin Ertmann, geb. Graumann, die in der Offenbacher Herrnstraße ihre Mädchenjahre verbracht hatte, die Klaviersonate Nr. 28.
Im Offenbacher Stadtarchiv befindet sich eine Neujahrskarte Beethovens, ein Postkartendruck, mit der Widmung: „An die

Baronin Ertmann zum neuen Jahr 1804 von ihrem Freunde und Verehrer Beethoven."
Dem Offenbacher Verleger André erschien die Beethovensche Musik zu kühn und ungestüm, bis zum Jahre 1805 druckte er nur 39 Werke (von Mozart 231).

Benzstraße (Bg)

Neuere Straße, nach dem Ingenieur und Automobilpionier Carl Benz (1844–1929) benannt.

Berliner Straße

1957 Festlegung des Namens, 1959/60 Baubeginn, am 23. 9. 1962 feierliche Einweihung.
Die alte Domstraße ist verschwunden, in sanftem Bogen führt nun die Berliner Straße über sie hinweg. Wer, vom Kaiserleikreisel kommend, in die Stadt hineinfährt, erlebt ein Offenbach, das sich völlig verändert hat.

Bernardstraße

1830 geplant, 1864 angelegt, 1875 „Stiftstraße", benannt nach dem 1834 von Peter Bernards Witwe als Altersheim gestifteten ehemaligen Musikerhaus, in dem von 1798–1805 die Virtuosen der Bernard-Kapelle gewohnt hatten (heute Kaiserstraße 86). Die Stiftstraße endete damals an der Ludwigstraße, nach Westen führte die „Äpfelallee" weiter.

1876 wurde diese „Äpfelallee" bis zum heutigen Goethering als Straße ausgebaut und nunmehr die ganze Strecke von der Kaiserstraße bis zum Goethering „Bernardstraße" genannt.

Die Bernards gehörten zu den berühmtesten Familien Offenbachs. Zwei Männer ragten hervor:

Nikolaus Bernard (1709–1780), ein Frankfurter, der sich in Offenbach ansiedelte und mit dem Bau der ersten Fabrik, einer Schnupftabakfabrik, im Jahre 1733 die Offenbacher Industrie begründete. In seinem Betrieb führte er eine Unterstützungskasse und den „Nickelchestag" ein, den bezahlten freien Montag in der dritten Woche der Frankfurter Messe.

Neffe *Peter Bernard* (1755–1805), Kaufmann, Musikfreund, Erbauer des Herrenhauses 1780 (Büsingpalais), Gründer des

Theaters an der Kirchgasse und des Collegs, Wohltäter und Unterstützer aller Armen. Nach dem Gefecht am 12. Juli 1800 an der Frankfurter Straße fuhr er ins französische Hauptquartier nach Höchst, um sich als Geisel zur Verfügung zu stellen und den Waffenstillstand zu beschleunigen.
Seine weit über Offenbachs Grenzen bekannte private Virtuosenkapelle repräsentierte das reich gewordene Bürgertum. Bernards Konzerte waren Volkskonzerte, jedermann hatte freien Zutritt.

Bertha-v.-Suttner-Weg

Bertha von Suttner (1843–1914), Schriftstellerin, die dem Rotkreuzgedanken den Weg bereitete. Ihr Buch: „Die Waffen nieder". Friedensnobelpreis 1905.

Bert-Brecht-Straße

Bert(old) Brecht, Schriftsteller und Regisseur (geb. 1898 Augsburg, gest. 1956 Berlin). Besonders erfolgreich seine „Dreigroschenoper" (1928), Musik von Kurt Weill. Später: Mutter Courage, Der gute Mensch von Sezuan u. a.

Bethnal-Green-Straße

Partnerstadt in England: Tower Hamlets (Bethnal Green). Als erste deutsche Stadt wurde Offenbach im Jahre 1956 vom Hauptquartier der europäischen Einigung in Straßburg mit dem Europapreis ausgezeichnet.

Bettinastraße

1830 geplant, 1864 „Brennerstraße" und 1878 umbenannt in „Bettinastraße" nach Sophie Laroches Enkelin Bettina Brentano (1785–1859), die in Offenbach ihre Mädchenjahre verbracht hatte. Bei dem ersten Luftangriff auf Offenbach am 5. 6. 1940 fielen in der Bettinastraße (auch Lilistraße) die ersten Bomben.
Der Name „Brennerstraße" geht auf ehemalige Backsteinbrennereien zurück, die im nahen „Lehmfeld", den Lehmgruben der Stadt, den Ton holten und in kleinen Öfchen die sog. Russen brannten. Im Jahrhundert der aufblühenden Industrie sind diese Handwerksbetriebe eingegangen.

Bieberer Straße

Aus zwei Teilstücken setzt sich die Bieberer Straße zusammen: einem alten vom Markt bis zum Mathildenplatz und einem neueren vom Mathildenplatz bis Bieber.

Das alte Teilstück, auf dem Plan von Back „Straß von Franckfurt nach Nürnberg" genannt (1750), gehörte einst zur Geleitsstraße, einer Straße, die mit zunehmender Bedeutung Frankfurts als Krönungs- und Messestadt ausersehen war, den Kaufleuten Schutz und Geleit zu bieten. Die Teilstrecke endete an der Hainbachbrücke, an Offenbachs Ostgrenze (Einmündung der Friedrichstraße in die Bieberer), also unmittelbar vor dem heutigen Mathildenplatz.

Das zweite Teilstück, eine alte Fernstraße, blieb Nebenstrecke, weil sie nicht zum Geleitsnetz gehörte und weniger Sicherheit bot. Dies änderte sich Ende des 18. Jahrhunderts, als die Thurn- und Taxische Postverwaltung anläßlich der Kaiserkrönung Leopolds II. im Jahre 1790 eine Extrapost einrichtete, nicht auf dem alten Geleitsweg über Steinheim, sondern auf der kürzeren Strecke von Seligenstadt über die Tannenmühle und Bieber nach Offenbach und Frankfurt.

Viele Reisende wählten daraufhin diese Route, vielleicht auch Mozart, der mit seinem Schwager Hofer in eigener Kutsche von Wien nach Frankfurt gekommen war. Zur letzten Kaiserkrönung 1792 werden sogar die Reichskleinodien auf dieser „Nicht-Geleitsstraße" transportiert. Man hatte Eile, denn die Kanonen der französischen Revolutionsarmeen schossen bereits eine neue Zeit ein. – Im Jahre 1816 beschließt man, nachdem Offenbach und Bieber hessisch geworden, dieses Teilstück zu erweitern und zu schottern. Ausbau von 1818–1820. Auf einer Karte von 1830 sind beiderseits der Straße Bäume, Obst- und Weingärten eingezeichnet (siehe: Wingertstraße). 1857 heißt dieses Stück „Chaussee nach Bieber" und 1860 die Gesamtstrecke vom Marktplatz bis Bieber schließlich „Bieberer Straße".

Alte Kaserne

1817 Die Verlegung des 1. Bataillons des Hessischen Infanterieregimentes „Groß- und Erbprinz" erhob Offenbach zur Garnison, und das von Graf Johann Philipp erbaute Armen-, Waisen- und Arbeitshaus diente nunmehr als Kaserne: Alte Kaserne. Sie stand genau auf der heutigen Einmündung des Großen Biergrunds in die Bieberer Straße (siehe: Großer Biergrund).

1855 Ablösung durch das 2. Bataillon. Wird nach
1871 zum 3. Bataillon des 4. Hessischen Infanterieregimentes 118.
1877 Die Alte Kaserne niedergelegt.
Verlängerung des Großen Biergrunds zur Bieberer Straße.

Neue Kaserne
1842 Erbauung der Infanteriekaserne (heute Finanzamt).
1878 Kaserne erweitert. Der Cellist Carlo Fuchs (1865–1951) erzählt von seiner Dienstzeit in dieser Kaserne in dem Buch: „Erinnerungen eines Offenbacher Cellisten, 1932" (Stadtarchiv).
1897 Ablösung des 3. durch das 2. Bataillon des 5. Hessischen Infanterieregimentes 168.

Offenbachs älteste Mühle
1478 erstmals erwähnt als Isenburgische Erbleihmühle, die südlich der Bieberer Straße zwischen Karl- und Friedrichstraße gestanden hatte.
1750 auf dem Backplan am Mühlbach gelegen und „Quantzenmühle" genannt.
1761 „Büschels Mühle" nach Johann Christoph Püschel, der die Mühle bis 1767 gepachtet hatte.
1830 Fabrik.
1857 auf der Karte verschwunden.

Biebernseeweg (R)

Nach einer alten Gewann benannt und vermutlich auf das Tier „Bieber" bezogen, d. h. auf ein ursprünglich wasserreiches Gelände.

Bierbrauerweg (Bg)

Älterer Weg, in neuerer Zeit als Straße ausgebaut und nach den ehemaligen Brauereien Luft und Falke benannt. Nahe dem Rodgaubahnübergang sind in einer Vertiefung noch die Eingänge zu den einstigen Kalksteinkellern zu sehen, in denen das Bier kühl gelagert werden konnte.

Bildstockstraße (Bg)

Ältere Straße, nach einem mittelalterlichen Grundstück benannt. 1882 sind in Höhe dieser Straße bei Uferarbeiten am Main

6 Holzpfähle gefunden worden, von denen noch zwei im Offenbacher Stadtarchiv zu sehen sind. Vermutlich gehörten sie zu einer römischen Schiffsanlegestelle südlich der römischen Mainbrücke (siehe: Stiftstraße).

Birkenlohrstraße

Neuere Straße, nach der Gewann „Birkenlohr" benannt. Damit ist das Weideland im Süden der Gemarkung Offenbach gemeint, das mit Birken bestanden war (lohr = Sumpfweide).

Bischofsheimer Weg (R)

Ältere Straße, nach dem jenseitigen Mainort Bischofsheim genannt, früher: Bismarckstraße.

Bismarckstraße

1876 auf Vorschlag des Offenbacher Heimatforschers Emil Pirazzi auf den Namen des ersten deutschen Reichskanzlers Fürst Otto Eduard Leopold von Bismarck (1815–1898) getauft, der ein Jahr vorher zum Ehrenbürger der Stadt ernannt worden war (siehe: Äpfelallee).
Bereits im Jahre 1830 bestand der Plan, entlang der schmalen Gewann „Im Seewasser" (= feuchte Wiese; heute Bahndamm) eine Promenade anzulegen und mit Lindenbäumen zu bepflanzen. Es geschah zögernd.
1860 war der Teil Waldstraße–Bieberer Straße fertiggestellt, vier Jahre später der andere bis zur Ludwigstraße. „Lindenstraße" nannte man die neue Anlage. Sie gefiel so gut, daß auch am westlichen Stadtrand weiterspaziert werden sollte, auf der Ludwigstraße gen Norden fast bis zum Main. Auch dies geschah, und beide Straßen, Linden- und Ludwigstraße, wurden zur beliebtesten Promenade Offenbachs. Kühne Planer frohlockten und träumten von der Verwirklichung eines Anlagenringes um die ganze Stadt, wie er auf einer Karte von 1830 schon eingezeichnet ist: Gerber(Arthur-Zitscher-)straße – Kasernenstraße – Bismarck(Linden-)straße – Ludwigstraße – Bettina(Brenner-)straße bis zum Main!
Auch ein Hindernis wurde beseitigt: der alte jüdische Friedhof (heute: der kleine Anlagenplatz an der Einmündung der Großen Hasenbachstraße), der 1861 im Einvernehmen mit der jüdischen

Gemeinde auf den Ostteil des Friedhofs an der Mathildenstraße verlegt worden ist.
Doch die Träume währten nur bis zum 15. November 1873, dem Tag der Einweihung des Hauptbahnhofs und der Eröffnung der Bebraer Bahn. Spaziergänger neben der Dampfbahn – nein!
Der Traum von einem erholsamen Lindenring war mit dem Bau des Bahndammes im Jahre 1910 schließlich ausgeträumt. Inzwischen hatten sich im Süden der Stadt weit bessere Ringmöglichkeiten angeboten (siehe: Starkenburg- und Hessenring; Waldstraße).

Bleichstraße

Kurz vor 1864 als Zufahrtsstraße zur neu errichteten Bleichschule, heute Eichendorffschule, angelegt und nach Offenbacher Bleichplätzen benannt. Diese Bleichen gehörten Wäschereien und Stoffärbereien, die sich in der Bieberer Straße etabliert hatten.

Blücherstraße

Um 1900 nach dem preußischen Generalfeldmarschall Gebhard Leberecht Blücher (1742–1819) benannt, der bis jetzt alle Zeiten und Straßennamenveränderungen tapfer überstanden hat.
Das älteste Stück der Straße liegt auf der anderen Seite des Bahndammes. Bereits 1830 von der Bieberer Straße bis zum heutigen Damm in die Stadtpromenade einbezogen (siehe: Bismarckstraße), wurde es 1857 nach Süden verlängert, 1875 ausgebaut und „Kasernenstraße" genannt. Diesen Namen hat das kleine Stück jenseits des Bahndammes behalten.
Bemerkenswert sind die in den zwanziger Jahren erbauten „Zeppelinhäuser" mit ihren halbrunden Dächern.

Boschweg (Bg)

Neuere Straße, nach dem Erfinder und Industriellen Robert Bosch (1861–1942) benannt.

Brahmsstraße

Zum sog. Musikantenviertel gehörig. Johannes Brahms (geb. 1833 Hamburg, gest. 1897 Wien). Sinfoniker und Liederkomponist der Romantik: vier Sinfonien, Ouvertüren, Kammermusik, Lieder, Chöre (Deutsches Requiem).

Brandenburger Straße (Bg)

Neuere Straße, benannt nach der Mark Brandenburg, der bis 1945 größten Provinz Preußens. Heute größtenteils auf die Gebiete Potsdam, Frankfurt/Oder und Cottbus verteilt.

Brandsbornstraße

Neuere Straße, benannt nach dem 1702 erwähnten „Brans born weg", den Weg, der zum früheren Isenburgischen Brandwald (= gerodeter Wald) und dem dort befindlichen Franzbrunnen oder Franzborn = Brandborn führte (heutige „Dicksruhe", benannt nach dem Offenbacher Bürgermeister und Wagenfabrikanten Johann Heinrich Dick (geb. 1802 Offenbach, gest. 1888 London).

Bregenzer Straße (Bi)

Neuere Straße, nach der Bodenseestadt Bregenz benannt, vorher: Goethestraße.

Breite Straße (R)

Älteste Straße Rumpenheims, ursprünglich nach ihrer Breite benannt.

Bremer Straße (Bi)

Teilstück der Bieberer Halbringstraße, benannt nach der Hansestadt Bremen. Vorher: Spessartring.
Bremen lag schon um 1800 in aller Munde und galt als Maß für Größe und städtische Vornehmheit. In Frau Bernards Tagebuch, das im Herrenhaus (siehe: Büsingpalais) verfaßt wurde, heißt es am 15. 11. 1800: „Offenbach ist pure große Welt geworden. Bremen ist nichts dagegen."

Brielsweg (Bg)

Neuere Straße, benannt nach einem alten Bürgeler Wegenamen.

Brinkstraße

Neuere Straße, nach dem ersten Offenbacher Oberbürgermeister Wilhelm Brink benannt (geb. 1848 Eibenstock/Erzgebirge, gest. 1912 Offenbach).
Ein tüchtiger Mann aus dem Vogtland, der von 1887–1907 die Stadt regierte.

Brockmannstraße (Bg)
Professor Karl Friedrich Brockmann, Lehrer und Heimatforscher (geb. 1854 Offenbach, gest. 1932 ebd.).
Entstammt einer Offenbacher Handwerkerfamilie, studierte an der Großherzoglich-polytechnischen Schule in Darmstadt und erhielt 1879 einen Lehrauftrag an der Offenbacher Kunstindustrie- und Handwerkerschule, der Vorläuferin der heutigen Hochschule für Gestaltung. Als Vorsitzender des Gewerbevereins förderte er Handwerk und Industrie, gründete eine Lehrwerkstatt für feine Lederwaren. Mitbegründer des Offenbacher Geschichtsvereins.

Brückenstraße (Bi)
Verlegenheitsbenennung aus der Zeit nach der Eingemeindung Biebers im Jahre 1938, früher: Bleichstraße.

Brunnenweg
Im 19. Jahrhundert schon als Weg bekannt, aber erst benannt nach erfolgreichen Brunnenbohrungen, die ergiebige Quellen erschlossen für die älteste Offenbacher Brunnenkammer im Vorderwald. Heute nennt man den Brunnenweg den Broadway der „Gemaa".
1846 befand sich in dem dortigen Gebiet, dem Brunnengewann, noch eine Viehtränke, und nördlich des heutigen Donauwegs zog der Brunnengraben durch das wasserreiche Gelände zum Hainbach.

Buchhügelallee
Im 19. Jahrhundert angelegt und nach der Flur „Der Buchhügel" benannt. Früher auch „Neuer Weg" und „Neue Allee". Ursprünglich ein Jägerpfad.
Der Buchhügel, 25 Meter über dem Main liegend, fiel 1819 bei der Teilung der Bieger Mark an Offenbach. Der Name läßt auf die ehemalige Bepflanzung schließen.
Die Hübel(Hügel-)namen lassen alte Grabstätten vermuten (Jost).

Buchrainweg
Bereits 1773 erwähnt und nach der auf Frankfurter Gebiet liegenden Flur „Buchrain" benannt, einem mit Rainen (Sanddünen) durchsetzten Buchenwald, der auf Offenbacher Gemarkung in

Gartenland verwandelt worden ist, bis hart an die alte Landesgrenze. Dadurch ist ein markanter Grenz-Waldrand entstanden, der schon von weitem zu erkennen ist.

Buddenstraße

Neuere Straße, benannt nach dem letzten Offenbacher Oberschultheißen und späteren Bürgermeister Jonas Budden (geb. 1782 Langenselbold, gest. 1853 Offenbach).
Der Oberschultheiß, vom Landesfürsten berufen, übte das Amt eines Ältesten aus und führte den Vorsitz in dem aus sieben Schöffen bestehenden Ortsgericht, aber nur innerhalb der Altgemeinde. Die vor der alten Stadtmauer angesiedelte Neugemeinde, aus Zugereisten und Glaubensflüchtlingen bestehend, stand unter der Verwaltung eines Amtmannes.
Nach der geglückten Zusammenlegung beider Gemeinden endete am 1. Januar 1824 das Amt sowohl des Amtmannes als auch des Oberschultheißen. Erster ehrenamtlicher Bürgermeister wird Peter Georg d'Orville (von 1824–1826). Jonas Budden kehrte 1837 noch einmal in die Stadverwaltung zurück – als Bürgermeister, nicht vom Fürsten, sondern von der Bürgerschaft berufen.

Bürgerplatz (Bg)

Marktplatz Bürgels, 1910 in „Bürgerplatz" umbenannt, im Volksmund „Dalles".

Bürgerstraße (Bg)

Eine der ältesten Straßen Bürgels. Früher „Löwengasse" nach dem Gasthaus „Zum Löwen". Im 18. Jahrhundert auch „Klickergasse".

Carl-Legien-Straße (Bi)

Nach dem Gewerkschaftsführer Carl Legien (geb. 1861 Marienburg, gest. 1920 Berlin) benannt.

C.-M.-v.-Weber-Straße

Neuere Straße, nach Carl Maria von Weber benannt (geb. 1786 Eutin, gest. 1826 London; auf Veranlassung von Richard Wagner

wurden die sterblichen Überreste nach Dresden gebracht). Der Freischützkomponist gehört zu den Musikern, die Offenbach persönlich besucht haben.
Dem Offenbacher Musikverleger Anton André hatte Weber (vermutlich 1816) sechs Sonatinen für Klavier und Violine zur Begutachtung vorgelegt. Im Hause André an der Domstraße war die Uraufführung. Wilhelm Speyer spielte Violine, Weber begleitete auf dem Klavier. Ergebnis: André lehnte eine Veröffentlichung ab!

Carl-v.-Ossietzky-Weg
Politischer Publizist (1889–1938). Friedensnobelpreis 1935.

Christian-Pleß-Straße
1947 benannt nach dem erschossenen Reichsbannermann Christian Pleß. Vorher hieß sie Sedanstraße, war zu Beginn der 70er Jahre von französischen Reparationsgeldern angelegt und trug seit 1876 den Namen zur Erinnerung an die Schlacht vom 1. September 1870.

Dag-Hammarskjöld-Platz
Dag Hammarskjöld (1905–1961), Generalsekretär der UNO.
Am 23. April 1966 wurde an diesem Platz die Stadthalle eröffnet. 1963 hieß der Platz noch ganz schlicht „Trambahnendhaltestelle" der Linie 27, und zur Gründerzeit der Gemaa (1922) sagte man „Bärbelche-Dickmilch-Platz" zur Erinnerung an eine ehemalige Hebamme aus Tempelsee.

Daimlerstraße (Bg)
Neuere Straße, nach dem Ingenieur Gottlieb Wilhelm Daimler (geb. 1834 Schondorf, gest. 1900 Cannstadt) benannt. Erfinder des Otto-Viertaktmotors und Konstrukteur des ersten Motorrads (1885) und vierrädrigen Autos.

Danziger Straße (Bg)
Verbindungsstraße von der Mühlheimer Straße nach Bürgel. Benannt nach der Stadt und dem ehem. Freistaat an der Weichselmündung.

Darmstädter Straße

Teilstrecke der alten Darmstädter (Sprendlinger) Landstraße, von 1818–1820 auf Wunsch der hessisch-darmstädtischen Regierung chaussiert, da nach dem Erwerb von Offenbach am 30. 6. 1816 das Straßennetz ausgebaut werden sollte (siehe: Sprendlinger Landstraße).

Dickstraße

Neuere Straße, benannt nach der Gewann „Die Dick" (also nicht nach dem Offenbacher Bürgermeister Johann Heinrich Dick; siehe: „Brandsbornstraße"). Dick = Dickicht. Im Jahre 1699 heißt es z. B.: „Wegen der in der Dick gelegenen Wiesen."

Dielmannstraße

Neuere Straße, benannt nach dem Maler und Graphiker Jakob Fürchtegott Dielmann (geb. 1809 Sachsenhausen, gest. 1885 Frankfurt/Main). Genre- und Landschaftsmaler, der die Cronberger Malerkolonie gründete.

Dieselstraße (Bg)

Neuere Straße, zur Erinnerung an den Ingenieur Rudolf Diesel (geb. 1858 Paris, 1913 im Ärmelkanal ertrunken). Erfinder des nach ihm benannten Dieselmotors.

Dietesheimer Straße (Bi)

Nach dem benachbarten Dietesheim benannt, früher „Mühlheimer Straße".

Dietzenbacher Straße

Uralte Landstraße durch den Vorderwald nach Dietzenbach. An ihr steht seit Jahrhunderten der Wildhof.

Dörnigheimer Straße (R)

Ältere Straße, nach dem jenseitigen Mainort Dörnigheim benannt, früher: Offenbacher Straße.

Domstraße

1758 wurde die Straße für die Bebauung abgesteckt.
1780 Ausbau. Wie der Name entstand, erzählt eine Anekdote aus der Zeit der Gründerjahre:
"Als ein Fremder vor der französisch-reformierten Kirche stand und sich darüber lustig machte, daß die Offenbacher ein solches Zwergkirchlein Dom nannten und auch noch eine Straße nach dem kleinen Ding tauften, trat ein Offenbacher auf ihn zu, drehte ihn kurzerhand um und deutete nach Westen: ,Sehn Se dort den Dom unserer Vorstadt Frankfort? Is Ihne jetzt unser Domstroaß kloar?'"
1784 zählte man in den Häusern Nr. 66–80 (andere Numerierung als heute): 11 Arbeiter, 9 Handwerker, 2 Beamte, 2 Künstler, 1 Kaufmann, 1 Wachtmeister. Außerdem: 26 Kinder und 89 sonstige Personen (Witwen, Privatiers u. a.). Insgesamt 141 bei einer Einwohnerzahl von 4482.
1830 im Zuge der Stadterweiterung wurde die Domstraße über die Kanal(Kaiser-)straße nach Westen verlängert.
1848 Eröffnung der Lokalbahn (siehe: "Bahnhofstraße").
1925 asphaltiert.
1943/44 wurde die Domstraße von allen Straßen Offenbachs am meisten bombardiert und zerstört.
1959/60 Baubeginn der Berliner Straße.

Dornbergerstraße (R)
Ältere Straße, früher Wilhelmstraße, dann umbenannt nach den Herren von Dornberg, den Rumpenheimer Lehensträgern des Klosters Lorsch gegen Ende des 11. Jahrhunderts. 1259 starb der letzte Dornberger.

Dornbuschstraße
Neuere Straße, nach der Gewann "Dornbusch" benannt, einem dornigen und gestrüppreichen Weideland, das sich einst bis zur Bieger Mark erstreckte.

Dreieichring
Um 1900 mit der Bebauung begonnen. Der Name dieser wohl

schönsten Anlage Offenbachs erinnert an die ehemalige Zugehörigkeit der Stadt zum Wildbann Dreieich.

1750 führt der von der Frankfurter Straße abzweigende Wolfsweg zur Biebelstrift und Biebelsmühle, deren Räder noch von dem damals wasserreichen Bach des Buchrainweihers getrieben werden konnten, etwa an der Stelle des jetzigen Musiktempels.

1759 gelangt die Biebelsmühle in den Besitz der Stadt.

1860 erwirbt Karl Theodor Wecker, Besitzer der Chaisenfabrik Dick und Kirschten, das ganze Gelände bis über die heutige Parkstraße hinaus.

1877 (3./4. Oktober) weilt Generalfeldmarschall Graf von Moltke in der Weckerschen Villa zu Besuch (spätere Privatklinik Grein, jetzt abgetragen).

1879 findet in der zu einem Stadtpark (Glacis) verwandelten Anlage vom 2.–6. Oktober die Hessische Landesgewerbeausstellung statt. Stehengebliebene Zementmodelle erinnern noch daran. In Offenbach brennen damals zum ersten Male elektrische Glühlampen.

1897 wird die Benennung „Dreieichring" beschlossen.

Biebelsmühle und Buchrainweiher

Die Biebelsmühle stand in der Flur „Die Biebels" = Bi-vließ = zweifach fließend, d. h. der Bach aus dem Buchrainweiher teilte sich und umfloß einst ein Waldstück, das sich auf diesem Gelände über die Parkstraße hin erstreckte.

Dem Bach folgend, gingen die Reffträger bis hinauf zum Wald am Buchrainweiher, um Leseholz im Reff, einem Tragegestell aus Holzstäben, heimzuschleppen. So hieß der Bach ursprünglich „Reffträgerfluß" (1639) und der Buchrainweiher der „Reffträgerweiher" (1743). Müde bächelt der Bach heute dem Dreieichring zu, vom Buchrainweiher zunächst offen bis zur Merianstraße, verschwindet bei VDE in einem dicken Kanalrohr und tröpfelt hoffentlich, wie behauptet wird, weiter unten in die Weiher des Dreieichrings.

Dr.-Köhler-Straße

Benannt nach dem Geh. Medizinalrat Dr. Wilhelm Köhler (geb. 1847 Offenbach, gest. 1917 ebd.). Gründer und Direktor des Stadtkrankenhauses von 1880–1908.

Dr.-Rebentisch-Straße

Benannt nach Medizinalrat Dr. Erich Rebentisch (geb. 1869 Darmstadt, gest. 1928 Offenbach), Direktor des Stadtkrankenhauses von 1908–1928.

Eberhard-v.-Rochow-Straße

Neuere Straße, nach dem preußischen Pädagogen und Schriftsteller Eberhard von Rochow (1734–1805) benannt.
Bemerkenswert ist die das Straßenbild auflockernde Bauweise der versetzten Häuser.

Edelsheimerstraße (R)

Neuere Straße, nach dem Hanauischen Kammer- und Regierungspräsidenten Johann Georg Seiffert von Edelsheim benannt, der in den Freiherrenstand erhoben und wegen seiner Verdienste um die Grafschaft Hanau mit Teilen des Rumpenheimer Lehens bedacht worden war.
1680 baute sich von Edelsheim ein Herrenhaus, das später den Mittelteil des Rumpenheimer Schlosses bildete.

Edith-Stein-Straße (R)

Dr. Edith Stein (1891–1942), als Ordensschwester Theresia Benedicta a Cruce der Unbeschuhten Karmelitinnen bekannt. Studium der Germanistik, im Ersten Weltkrieg in Seuchenabteilungen der deutschen Kriegslazarette tätig. 1922 dem katholischen Glauben beigetreten und bis 1933 Dozentin am Deutschen Institut für wissenschaftliche Pädagogik in Münster i. W. 1942 in Auschwitz ermordet.

Eduard-Oehler-Straße (Bg)

Neuere Straße, benannt nach dem Geh. Kommerzienrat und Chemiker Eduard Oehler (geb. 1837 Aarau/Schweiz, gest. 1909 Bern; begraben in Offenbach).
1842 gründete Dr. Sell eine Teer- und Asphaltfabrik.
     A. W. Hoffmann findet in den Teerprodukten Anilin.
1350 gelingt es Oehler, nach der Übernahme des Betriebes, aus dem Anilin synthetische Farbstoffe herzustellen (1881 entsteht aus einer Stiftung Eduard Oehlers zwecks Gründung einer Ferienkolonie der „Verein für Sommerpflege kränklicher Kinder", und im Februar 1893 stiftet Oehler zum

Gedenken an seine verstorbene Frau unter dem Namen „Elise-Oehler-Stiftung" 100 000 Mark zur Krankenpflege armer Kinder).
1911 entdeckt Oehler das Naphthol.
Aus dem Oehlerwerk ist das heutige Werk Offenbach (Naphthol-Chemie), die Hoechst AG, hervorgegangen.

Egerländer Straße
Neuere Straße, benannt nach dem Egerland mit der gleichnamigen Wallenstein-Stadt Eger. Heute CSSR.

Eginhardstraße
1897 benannt nach dem Biographen und Geheimschreiber Karls des Großen: Eginhard (Einhard) 770–840.
1899 wird die Straße gepflastert.
1901 zählt man acht Häuser.
Eginhard erbaute die kaiserlichen Pfalzen in Ingelheim und Aachen, die Basiliken zu Michelstadt und Seligenstadt, er gründete auch das Kloster Seligenstadt.
Seine Gemahlin Emma (siehe: Emmastraße) war nicht, wie die Sage erzählt, eine Tochter Karls des Großen, sondern die Tochter des Wormser Bischofs Bernhard.

Eigenheimstraße
Kurz vor 1900 angelegt und nach einer Siedlungsgenossenschaft benannt, die in diesem Bereich kleine Einfamilienhäuser mit Gartenland erstellt hatte.

Ellenbogengasse
1879 erstmals auf einem Stadtplan eingetragen. Die Form eines gewinkelten Armes hat wohl zu dieser Straßenbenennung angeregt.

Elsa-Brändström-Straße (R)
Elsa Brändström (1887–1948), Tochter eines schwedischen Gesandten, erlebte im Ersten Weltkrieg das Schicksal zusammengeschossener Menschen und widmete ihr ganzes Leben der Hilfe für Verwundete und Kriegsgefangene in aller Welt. Sie starb 1948 als Deutsche.

Else-Sterne-Roth-Straße (R)

Else Sterne-Roth (1877–1966), Gattin des Generaldirektors der Lederfabrik Mayer und Sohn. Als Wohltäterin in unserer Stadt wurde sie der „Engel der Armen" genannt. Sie rettete die Schrammstiftung über die Inflation und rief die Volksküche ins Leben. Seit 1924 Vorsitzende des Offenbacher Hilfsvereins (1879 bis 1934) und Mitglied zahlreicher anderer Wohlfahrtsorganisationen. 1938 nach Amerika emigriert.

Emmastraße

1897 nach der Tochter des Wormser Bischofs Bernhard benannt, der Gemahlin des Eginhard (siehe: Eginhardstraße).

Engelsgäßchen (Bg)

Eine der ältesten Straßen Bürgels, benannt nach dem Gasthaus „Zum Goldenen Engel".

Enkheimer Straße (R)

Neuere Straße, benannt nach dem jenseits des Mains liegenden Enkheim.

Erich-Ollenhauer-Straße (Bi)

Deutscher Politiker (geb. 1901 Magdeburg, gest. 1963 Bonn), zuletzt Vorsitzender der SPD.

Erlenbruchstraße

1875 geplant, 1890 angelegt und nach der schon 1462 bekannten Gewann „Erlenbruch" benannt, einem mit Erlen bestandenen Wiesenstück am Mühlbach (siehe: Hainbachweg). Dort züchtete der Arzt Dr. Mogk vor etwa 100 Jahren Blutegel, die er seinen Patienten ansetzte.
Erst als auf Gemeinderatsbeschluß vom 17. 1. 1856 das Gelände dräniert war, konnte an Planung und Bebauung gedacht werden. An der Einmündung in die Buchhügelallee, auf dem Gelände der früheren Moha Milchversorgungsbehörde, jetzt Lebensmittel-Selbstbedienungsmarkt Schade u. Füllgrabe, befand sich 1888 der Schützenplatz mit Schießhaus.

Ermlandweg

Benannt nach der zwischen Frischem Haff und den Masuren liegenden Landschaft. Heute polnisch.

Eupener Straße

Neuere Straße, zur Einnerung an die ostbelgische Stadt Eupen benannt. Nach dem Versailler Vertrag fiel Eupen (zusammen mit Malmedy) an Belgien.

Fachackerweg

Benannt nach der Gewann „Fachacker" (= der am „Fach" gelegene Acker). Er lag auf dem Gelände westlich der heutigen Kaiserleibrücke. Am „Fachacker" fuhr bis Ende des 18. Jahrhunderts eine Fähre zum anderen Mainufer, sicherlich unterhalb der Kaiserleifelsen und deren gefürchteten Stromschnellen, die erst in unserem Jahrhundert mit dem Stau an der Gerbermühle verschwunden sind.
Das „Fach", 1440 erstmals erwähnt und zuletzt den Isenburger Grafen gehörig, hieß die Vorrichtung zum Fischefangen (mittelhochdeutsch: vahen = fangen). Dieses Fanggerät hatte ein eigens bestellter „Fächer" aus Gerten herzustellen. Die Biegermärker lieferten solche Gerten und durften dafür einmal im Jahr das „Fach" heben.
Der Fächer bewohnte das „Fachhaus", das am Ende des 18. Jahrhunderts beseitigt worden ist. Vermutlich war es auch das Fährhaus. Die Geschichte des „Faches" ist die Geschichte der ehemaligen Mainfischerei zwischen Offenbach und Frankfurt.

Falltorstraße (Bg)

Eine der ältesten Straßen Bürgels, nach einem in der 1825 niedergelegten alten Befestigungsmauer befindlichen Falltor benannt, einem Tor mit Fallgatter.

Feldstraße

Mitte des 19. Jahrhunderts geplant und angelegt, 1873 eröffnet. Westlich der Waldstraße erfuhr die Straße Namensänderungen: 1876 Moltkestraße, nach 1945 Marienstraße.

Bemerkenswert ist die Geschichte der *östlichen Feldstraße*. Als es die Bebraer Bahn noch nicht gab, also vor 1873, lief ein

breiter, straßenähnlicher Weg mitten ins Offenbacher Feld: „Feldstraße" sagten die einen, „Maria hilf" spöttelten die anderen.
Hier draußen, dachten die Offenbacher Fabrikanten Böhm und Oehler (siehe: Eduard-Oehler-Straße), ließe sich in frischer Luft eigentlich eine Arbeitersiedlung hinstellen. Gesagt, getan! Bald säumten Ein- und Zweifamilienhäuschen die inzwischen angelegte Straße. Kosten: 5400–7200 Mark je Haus. Eine Art ersten sozialen Wohnungsbaues in Hessen. Aber auch die erste Luftverschmutzung, denn im gleichen Jahre puffte die neue Bebraer Bahn ganz dicht an den Häuschen vorbei, und trotz vieler Beschwerden puffte sie weiter, 27 Jahre später sogar von einem Bahndamm herab, den man den Bewohnern vor die Nase gesetzt...
Trotz Elektrifizierung der Bahn vor 20 Jahren sind Ruhe und Frischluft von ehedem nicht wiedergekehrt.

Felix-Mendelssohn-Straße

Neuere Straße im sog. „Musikantenviertel", benannt nach dem Komponisten Felix Mendelssohn-Bartholdy (geb. 1809 Hamburg, gest. 1847 Leipzig). Bekannt sind seine Lieder, Ouvertüren, Sinfonien, vor allem aber die Bühnenmusik zu „Sommernachtstraum".
Der Romantiker kam oft zu Besuch nach Frankfurt, der Vaterstadt seiner Frau. Er unternahm viele Spaziergänge nach Offenbach. Der König von Preußen hatte im Jahre 1842 Mendelssohn zusammen mit Liszt, Meyerbeer und Rossini den Orden „Pour le mérite" verliehen, der ihm bei einem Aufenthalt in Frankfurt überreicht worden war. Die Freude war groß!
In heiterer Gesellschaft spazierte Mendelssohn auf der Äpfelallee (siehe: „Äpfelallee") nach Offenbach und mußte sich manche Neckereien gefallen lassen.
An der Offenbacher Schiffsbrücke eilte einer der Gesellschaft voraus, um das Fahrgeld zu zahlen. Der Einnehmer hatte aber Mendelssohn in der ankommenden Schar entdeckt und rief: „Für Mendelssohn nehme ich kein Geld!" Alles Protestieren half nicht. „Nun, was gibts denn hier?", trat Mendelssohn ans Fährhaus. Der Freund beruhigte und erzählte ihm nachher den kleinen Zwischenfall. „Hat der Mann das wirklich gesagt?", fragte Mendelssohn. „Nun, das macht mir mehr Freude als der Orden!"

Ferdinand-Porsche-Straße (Bi)

Neuere Straße, benannt nach dem Ingenieur Ferdinand Porsche (geb. 1875 Maffersdorf/Böhmen, gest. 1951 Stuttgart). Konstrukteur des Volkswagens.

Feuerwehrplatz (Bi)

Älterer Platz. Früher: Hans-Schemm-Platz und Alter Friedhof. Am 19. März 1876 fanden sich in der damals selbständigen Gemeinde 60 Männer zu einem Verein zusammen, den sie „Freiwillige Feuerwehr" nannten.

Fichtestraße (Bg)

Neuere Straße, nach dem Philosophen Johann Gottlieb Fichte (1762–1814) benannt.

Fischergasse (R)

Ältere Straße, nach den Mainfischern benannt.

Flurstraße (Bi)

Ältere Straße in der Gewann „Die Flurscheide" = Flurgrenze. Die Flurstraße war einst Durchgangsstraße nach Frankfurt. An ihr ist im März 1857 ein fränkisches Gräberfeld aufgedeckt worden, das sich über die Klopstockstraße bis zur Uhlandstraße erstreckte (genauer Lageplan in: A. Kurt, Geschichte einer Gemeinde, Ffm. 1963, S. 9).

Flutstraße

In den 70er Jahren angelegt in der Gewann „Zwischen den Flutgräben". Flutgräben entwässerten einst die Wiesen im Landgrabensee. Gräben dieser Art gab es mehrfach in der Offenbacher Gemarkung.

Frankenstraße (Bg)

Neuere Straße. In Bürgel sind verschiedene fränkische Gräber gefunden worden.

Frankfurter Straße

1702 wurde die „Frankfurter Gaß" im Zuge der Stadterweiterung angelegt (zusammen mit dem Alten Markt, der Großen Marktstraße und dem Großen Biergrund).
Diese Frankfurter Gaß ist heute genau die Strecke in der Fußgängerzone vom Markt bis zum Aliceplatz, und wie es der Zufall will: dort, wo die rote Ampel Fahrzeuge stoppt (am Aliceplatz), mußten damals die Pferdewagen halten, vor dem Frankfurter Tor, bis sie durchgelassen wurden und auf der „Straß von Franckfurt" weiterfahren durften, einem Holperweg, der bereits 1339 erwähnt wird.
Es waren nicht viele Wagen, die das Tor passierten, denn der weltweite Durchgangsverkehr rollte südlich an Offenbach vorüber: auf der „Straß von Franckfurt nach Nürnberg", der Geleitsstraße (siehe: Geleitsstraße). Und so ist zu verstehen, daß der damalige Regent und fortschrittlich denkende Fürst Wolfgang Ernst II. die Kaufleute, Reisenden und Messefahrer in und durch seine Stadt zu lenken versuchte.

1768 ließ der Fürst das Frankfurter Tor am Aliceplatz abreißen. Die Stadt öffnete sich nach Westen. Die Holperstraße wurde ausgebessert und mit Bäumen bepflanzt. Die Straße nach Frankfurt ließ sich sehen. Die Stadt begann zu atmen und zeigte ihr Gesicht. Der Fürst selbst verlegte seinen Regierungssitz an die Frankfurter Straße (siehe: Aliceplatz).

1784 zählte man in den Häusern Nr. 1 bis 30 (andere Numerierung als heute), also in der heutigen Fußgängerzone vom Aliceplatz bis Markt: Fürst Wolfgang Ernst II., 15 Dienerschaft, 9 Räte, 5 Beamte. Dann: 17 Handwerker, 7 Kaufleute, 4 Arbeiter, 3 Wirte, 2 Fabrikanten, 2 Bäcker, 1 Pfarrer, 1 Advokat, 1 Professor (Frey), 1 Apotheker (Amburger), 1 Metzger.
Außerdem: 69 Kinder und 164 sonstige Personen (Witwen, Privatiers u. a.). Insgesamt: 303. Einwohnerzahl: 4482.

Um 1800 begann die Geleitsstraße, an Bedeutung zu verlieren, und als im Jahre 1818 auch noch das Osttor, das sog. Galgen- oder Ziegeltor am Markt, niedergelegt war, konnte der Messeverkehr seinen Weg nunmehr durch die Stadt nehmen, auf der Frankfurter Straße, wie die ganze Strecke vom Markt bis zur Landesgrenze genannt worden ist. Die Frankfurter Straße entwickelte sich innerhalb der Stadt zu einer bedeutenden Geschäftsstraße und nach Westen zu einer Straße vornehmer Villen.

Die *elektrische Straßenbahn* brachte weiteren Fortschritt:

1882 wurde der Plan zum Bau einer elektrischen Bahn von Bankleuten, vor allem von Bankier Weintraud, nachhaltig betrieben.
1884 wurde am 18. Februar das Teilstück Alte Brücke (Frankfurt) bis Oberrad eröffnet. Knapp zwei Monate später die Offenbacher Strecke. Ein denkwürdiger Tag, dieser 10. April, an dem die Straßenbahn von Frankfurt nach Offenbach (mit Umsteigen an der Grenze) bis zum Mathildenplatz gefahren ist: die erste Fahrt der ersten Straßenbahn Deutschlands, bestehend aus Triebwagen mit Anhänger!
Die Strecke war noch eingleisig, und an bestimmten Stellen wichen die entgegenkommenden Wagen aus. Noch kein Gleitbügel, sondern Schlitzohr-Oberleitung, deren zwei Schiffchen am Leitungsdraht ruckartig zuckelten. Überhaupt muß es in den Wagen böse gerumpelt haben, denn die Bahn hieß im Volksmund bald die „Knochenmühle".
Depot, Kraftstation, Werkstatt und Büro dieser privaten „Frankfurt-Offenbacher Trambahn" befand sich in Oberrad am Knick der Buchrainstraße.
1905 kauften Offenbach und Frankfurt jeweils ihre Strecken, und
1906 konnte die Bahn, auf Normalspur umgestellt, von beiden Städten selbständig betrieben werden (Linie 16).
Zugleich war die Endstation vom Mathildenplatz in die Nähe der in Offenbach neu erstellten Wagenhalle, der Werkstätten und des Verwaltungsgebäudes verlegt worden.
1907 1. April: Gründung der Städtischen Straßenbahn Offenbach als Auftakt zur Konstituierung der städtischen Verkehrsbetriebe (Stadtwerke). Von nun an prangte der Eichbaum auf den Offenbacher Wagen.
Ein Hindernis gab es allerdings noch an der Landesgrenze. Da die Eisenbahndirektion nämlich das Überschneiden der Schienen auf gleicher Ebene nicht gestattete, mußten die Fahrgäste aussteigen und die Geleise der Bebraer Bahn überschreiten, 1910 sogar den neuen Eisenbahndamm. Doch ab 18. Dezember 1910 beseitigte eine Eisenbahnüberführung diese Misere.
20. 10. 1907 Eröffnung der Strecke nach Bürgel.

1909 29. Oktober: Inbetriebnahme der Linie Hauptbahnhof–
Goethestraße.
1926 Eröffnung der ersten Omnibuslinie nach Bieber.
1951 Erste O-Bus-Linie Goethering–Bürgel.
1955 30. Oktober: O-Bus nach Rumpenheim.
1963 Linie 27, die letzte in Offenbach, wird eingestellt.
1967 27. Mai: der Straßenbahnbetrieb wird von Frankfurt aus weitergeführt.
1972 am 15. Oktober fährt der letzte O-Bus.

Franz-Liszt-Straße

Neuere Straße, benannt nach Franz Liszt, einem der bedeutendsten Klaviervirtuosen und Schöpfer effektvoller romantischer Tonwerke (geb. 1811 Raiding/Burgenland, gest. 1886 Bayreuth).

Französisches Gäßchen

1708 entstanden und „Kleine Glockengasse" genannt, da sie damals nur von der Glockengasse zur Herrnstraße führte.
1717 nach der Errichtung der französisch-reformierten Kirche in „Französisches Gäßchen" umbenannt. Dieser volkstümliche Name hatte sich durchgesetzt, weil in der Nähe der Gasse viele eingewanderte Franzosen wohnten.
1824 wurde das östliche Teilstück (Glockengasse–Schloßstraße) nach der Erweiterung der Fahrbahn zum Französischen Gäßchen hinzugenommen. Bis dahin führte es den Namen „Spitalgäßchen", denn die Stadt hatte dort im ersten Stock des Armenhauses der französisch-reformierten Gemeinde ein Spital eingerichtet.
1835 wurde die Fahrbahn zur Schloßstraße hin für den Fahr- und Reitverkehr ausgebaut. Vorher durften nur Fuhrwerke in das französische Gäßchen einfahren, die ihre Fracht im Gefängnis des Gäßchens abzuliefern hatten. Zuwiderhandelnde mußten 1 Gulden und 30 Kreuzer Strafe zahlen.
1900 letzte Erweiterung, ihr fällt die Gastwirtschaft der „Tannenbaum" zum Opfer (1899). Heute ist dieser Teil eine ansehnliche Straße mit dem modernen Gebäude der Rudolf-Koch-Schule (Gymnasium) auf der einen und einem Wohnblock auf der anderen Seite.

Frauenhohlwiesenweg (Bg)
Neuere Straße, nach der Gewann „In der Frauhollwiese" genannt. Frau Holle-Namen gehen auf vorchristliche Zeiten zurück. Ein Bildstock, der später in der Gewann gestanden haben soll, hat vermutlich den heidnischen Zauber bannen müssen.

Frhr.-v.-Stein-Straße
Neuere Straße, nach dem Staatsmann Reichsfreiherrn Heinrich Friedrich Carl vom und zum Stein benannt (geb. 1757 Nassau, gest. 1831 Cappenberg/Westfalen). Begründer der kommunalen Selbstverwaltung.
Ihm ist zu danken, daß Frankfurt und Offenbach 1815 nicht bayrisch wurden, vielleicht ganz Hessen. Kaiser Franz, der in Frankfurt eingezogen war, hatte den Bayern nämlich das Großherzogtum Frankfurt versprochen, doch Freiherr v. Stein konnte sich auf dem Wiener Kongreß den Großmachtplänen der Bayern erfolgreich widersetzen.

Freiligrathstraße
Neuere Straße, benannt nach dem Dichter und Freiheitskämpfer Ferdinand Freiligrath (geb. 1810 Detmold, gest. 1876 Cannstadt).

Friedensstraße
In den 80er Jahren angelegt und 1885 anläßlich des deutsch-französischen Friedens nach dem Krieg 1870/71 benannt.

Friedhofstraße
1864 benannt nach dem Friedhof an der Mathildenstraße, der im Jahre 1832 eröffnet worden ist (siehe: „Wilhelmsplatz").
Der älteste Friedhof aus fränkischer Zeit lag an der Waldstraße Nr. 2–8.
Alter Friedhof (Wilhelmsplatz)
Eröffnungsjahr unbekannt
1832 15. 12. Friedhof geschlossen
1866 letzte Friedhofspuren beseitigt, der Platz wird eingeebnet und „Neumarkt" benannt
1868 erster Viehmarkt
1903 Januar erster Wochenmarkt

Friedhof an der Mathildenstraße
1832 14. 12. Eröffnung
   16. 12. erste Beisetzung
1860 im Ostteil wird der Judenfriedhof angelegt,
Eröffnung am 1. 2. 1861
1884 Leichenhaus
1891 Krematorium (erste Verbrennung 1899)

Alter Judenfriedhof (Bismarckstraße)
1760 erstmals erwähnt
1860 geschlossen (heute: Grünanlage neben der altkatholischen Christuskirche) und auf den Ostteil des Friedhofs an der Mathildenstraße verlegt.

Neuer Friedhof (Mühlheimer Straße)
1939 8. 11. erste Beisetzung

Friedrichsring

Um 1885 entstanden und zur Erinnerung an Kaiser Friedrich III. (1831–1888) benannt.

Friedrichstraße

1885 abgesteckt und 1888 nach Kaiser Friedrich III. (1831–1888) benannt. Im Volksmund hieß die Straße auch die „Lehrerstraße". Als Wohngebiet war sie sehr begehrt. Trotz mancher Veränderung konnte sie ihr Gesicht aus der Gründerzeit bewahren: Alleebäume und hohe Zierfassaden.
Der unter der Straße in Kanalrohren verlegte Hainbach bildete Offenbachs Ostgrenze bis 1819, dem Jahre der Auflösung der Biebermark (Biegermark), einer aus 12 Dörfern bestehenden Waldnutzungsgemeinschaft.

Friesenstraße (Bg)

Neuere Straße, benannt nach dem germanischen Volksstamm der Friesen, ursprünglich in Jütland, heute an der Nordseeküste seßhaft.

Fritz-Erler-Straße (Bi)

Deutscher Politiker (geb. 1913 Berlin, gest. 1967 Pforzheim), zuletzt stellvertretender Vorsitzender der SPD.

Fritz-Remy-Straße
Neuere Straße, benannt nach dem Offenbacher Kommunalpolitiker und Stadtältesten Fritz Remy (geb. 1879 Offenbach, gest. 1961 ebd.).

Frühlingsaustraße
In den 70er Jahren des vergangenen Jahrhunderts geplant, aber erst nach dem Bau des Krankenhauses (1894) angelegt. Der Name, zur Zeit der Planung plötzlich in Stadtplänen auftauchend, geht nicht auf eine Gewann zurück (Name der Gewann: „Auf dem kleinen Weikertsblochweg"). Nach einer Aktennotiz erhielt die Straße ihren Namen auf Wunsch der Anwohner.

Gabelsbergerstraße
In den 70er Jahren des letzten Jahrhunderts geplant, 1885 angelegt und „Kronprinzenstraße" genannt. Um 1900 umbenannt zur Erinnerung an den Erfinder der Stenographie Franz Xaver Gabelsberger (1789–1849).

Gartenfeldstraße
1873 in einem Gebiet von Gärten angelegt (siehe: „Feldstraße") und 1876 benannt.

Gartenstraße
1895 angelegt und nach den an der Bieberer Straße gelegenen Obstgärten benannt.
Gartenstraße hieß ursprünglich der an der Bieberer Straße beginnende Lämmerspieler Weg, nach der Eröffnung der Bebraer Bahn im Jahre 1873 angelegt.

Gaußstraße (Bg)
Nach dem Ersten Weltkrieg entstanden und nach dem Mathematiker Carl Friedrich Gauß (geb. 1777 Braunschweig, gest. 1855 Göttingen) benannt.

Geishornstraße
1876 geplant. 1893 angelegt. Ihr Name geht auf die schon 1499 urkundlich erwähnte Gewann „Uff dem Geyshorn" zurück, d. h.

auf ein Wiesenstück, das dem Horn einer Geiß ähnelte. Dies läßt auf Viehzucht der damaligen Bewohner schließen.

Geleitsstraße

Die Geleitsstraße ist so alt wie die Frankfurter Messen: 800 Jahre. Auf ihr zogen Nürnberger Kaufleute, von Aschaffenburg kommend, über Seligenstadt, Steinheim, Mühlheim, Rote Warte, nördlich am Alten Friedhof vorüber in Richtung Mathildenplatz. Nach Überschreiten der Hainbachbrücke (Einmündung der Friedrichstraße in die Bieberer) befand man sich auf Isenburger Territorium und zog weiter auf der Bieberer Straße, südlich an Offenbachs Stadtmauer entlang bis zur heutigen Kaiserstraße, dann aber nicht gradlinig weiter, sondern kurz hinter der Kaiserstraße bogen die Kaufmannszüge nach Nordwesten ab zur Ludwigstraße/Frankfurter Straße, um auf der Frankfurter Straße die Grenze bei Oberrad zu erreichen.

Auf Isenburger Gebiet stellte Kurmainz den Geleitschutz bis zur Frankfurter Grenze. Von dort übernahmen Frankfurter Stadtknechte das Geleit, später eine Bürgerkompanie und ein Rittmeister.

Weshalb ein Geleit?

Seit dem 14. Jahrhundert mußten die Landesherren auf Befehl des Kaisers die Wagen der Kaufleute gegen räuberische Überfälle schützen. Wer da meint, die Räuber seien nur niederes Gesindel gewesen, der irrt. Es werden recht erlauchte Herren genannt: ein Herr von Solms, Graf Rupprecht von Nassau, der Kölnische Domherr Graf Heinrich von Nassau, ein Herr von Eppstein, die Herren von Cronberg und Falkenstein...

Ein Geleit kostete Geld. Die höchsten Summen verschlang der Zug eines Kaisers zur Wahl und Krönung nach Frankfurt. So bestand, von Wien kommend, das Geleit des vorletzten Kaisers Leopold II. im Jahre 1790 aus 82 sechs- und 22 vierspännigen Wagen, 1493 Pferden und 1336 Geleitspersonen.

Doch bis zum nächsten Kaiser war die Geleitskasse wieder aufgefüllt, denn zur Frankfurter Herbst- und Frühjahrsmesse durften keine anderen als nur die Geleitsstraßen befahren werden. Die Münzen fielen alle in die Kasse des Kaisers (siehe: An der Roten Warte).

Georg-Büchner-Weg

Benannt nach dem Dichter und Dramatiker Georg Büchner (geb. 1813 Goddelau, gest. 1837 Zürich). Dramen: Dantons Tod, Woyzeck. Büchner war der Herausgeber der Kampfschrift „Der Hessische Landbote".

Georg-Oswald-May-Weg

Georg Oswald May, Offenbacher Portrait- und Hofmaler des 18. Jahrhunderts (geb. 1738 Offenbach, gest. 1816 Frankfurt am Main).
May ist der Sohn eines Offenbacher Seidenstrumpfwebers, seine Frau Antoinette Elisabeth eine Schwester des Offenbacher Singspieldichters Johann André. Georg Oswald malte seinen Schwager Johann André, dessen Sohn Anton, 1779 Goethe in Pastell und Öl, Goethes Mutter und viele andere Persönlichkeiten, darunter auch Fürst Wolfgang Ernst II.

Gerberstraße

1830 als Ostpromenade geplant, 1864 angelegt und benannt nach der 1802 in Oberrad gegründeten Gerberei Philipp Jakob Spicharz. Diese Gerberei existiert nicht mehr, nur noch das Verwaltungsgebäude (Haus der Bäcker).
Die zweite Gerberei an dieser Straße war die Firma Feistmann. Inzwischen ist die Gerberstraße auf das kleine Stück zwischen Bieberer Straße und Mathildenstraße zusammengeschrumpft. Der andere Teil wurde in Arthur-Zitscher-Straße umbenannt.

Gerhard-Becker-Straße (Bg)

Neuere Straße, benannt nach dem Lederfabrikanten Gerhard Felix Becker (geb. 1866 Dubugua/USA, gest. 1921 Bürgel). Mitbegründer der nach ihm benannten Lederwerke Gerhard Becker.

Gerhart-Hauptmann-Straße

Neuere Straße, nach dem Dichter und Schriftsteller Gerhart Hauptmann benannt (1862–1946). Der gebürtige Schlesier ist der Hauptvertreter des Naturalismus („Die Weber").

Geschwister-Scholl-Straße

Bereits in den 70er Jahren des letzten Jahrhunderts geplant. Benannt nach den Geschwistern Scholl: dem Medizinstudenten Hans, geb. 1918, und der Biologie- und Philosophiestudentin Sophie, geb. 1921, die als Mitglieder der Widerstandsgruppe „Weiße Rose" vom Volksgerichtshof zum Tode verurteilt und am 22. 2. 1943 in München hingerichtet worden sind.

Glockengasse

Eine der ältesten Straßen Offenbachs, nach dem Glockenturm benannt, der in der nordwestlichen Ecke an der Kreuzung mit dem Französischen Gäßchen, der damaligen Kleinen Glockengasse, gestanden hatte.
Erst 1687 wurde in der Gasse auch eine westliche Häuserreihe gebaut. Berühmt war das Wirtshaus „Lange Bank" (Nr. 42) mit Treppenhausturm.

Türme:

Glockenturm — ursprünglich ein Wehrturm. In ihm hatte man die Glocken der turm- und glockenlosen Schloßkapelle aufgehängt. Nach dem großen Brand 1603 mußte ein neues Geläut angebracht werden, das bis 1713 die Gläubigen zum Gottesdienst rief (siehe: Kirchgasse).

Storchsturm (Storksturm) — nach seinen alljährlichen Gästen benannt. Urprünglich ein STrafturm. An seiner Stelle stand später das Gasthaus „Zur Glocke", nach 1900 abgetragen (etwa am heutigen Hintereingang Woolworth).

Müllerturm

Die Glockengasse grenzte die Stadt bis zur Mitte des 17. Jahrhunderts nach Westen ab. Dem ehemaligen Außengraben und der mittelalterlichen Stadtmauer folgend, verlief sie von der Kirchgasse im Bogen bis zur Schloßstraße. Dort mündete gegenüber die Sandgasse ein.

Von der Glockengasse existiert nur noch das nördliche Teilstück vom Französischen Gäßchen bis zur Kirchgasse.

1784 zählte man in den Häusern Nr. 146 bis 182 (andere Numerierung als heute): 21 Handwerker, 19 Arbeiter, 3 Tagelöhner, jeweils einen Landwirt, Fischer, Schäfer, Bäcker, Sekretär, Fähnrich. Außerdem: 219 Kinder und 117 sonstige Personen (Witwen, Privatiers u. a.).
Insgesamt: 385. Einwohnerzahl 4482.

Goerdelerstraße
1885 geplant, 1895 „Lindenstraße". Nach 1945 benannt nach Carl Friedrich Goerdeler, der als Widerstandskämpfer nach dem 20. Juli 1944 ermordet worden ist.

Goethering
1876 als „projektierte Promenade" in Karten eingetragen, 1885 angelegt und nach Johann Wolfgang von Goethe benannt (geb. 28. 8. 1749 in Frankfurt am Main, gest. 22. 3. 1832 in Weimar).

Goethe und Offenbach

1775	Januar	Goethe vollendet das Singspiel „Erwin und Elmire" und legt den Text dem Offenbacher Joh. André zum Komponieren vor, den er bereits 1764 kennengelernt hatte.
		Goethe begegnet Anna Elisabeth (Lili) Schönemann in Frankfurt.
		Offenbacher Freundeskreis.
		„Offenbach am Main zeigte schon damals bedeutende Anfänge einer Stadt." (Dichtung und Wahrheit, Buch 17.)
	April	Verlobung mit Lili.
		Arbeit am Faust in Offenbach.
	Mai	Uraufführung des Singspiels „Erwin und Elmire" in Frankfurt.
	Sept.	Goethe quartiert sich in der Herrnstraße bei Johann André ein (ausführliche Schilderung in Dichtung u. Wahrheit, Buch 17).
		Goethe mit Lili auf der Hochzeit von Pfarrer Ewald (Bundeslied).
		Entlobung.
		Kahnfahrt von Offenbach nach Frankfurt.
	30. Oktober	Abreise nach Weimar.
1797	3.–25. August	Goethe besucht seine Mutter in Frankfurt.
	11. August	Besuch bei Sophie Laroche in der alten Domstraße.
1814	17. Oktober	Besuch bei Geheimrat Metzler und bei Hofrat Dr. Meyer. „An diesem wohlgebauten und täglich zunehmenden heiteren Orte

verdient die Sammlung ausgestopfter Vögel des Herrn Hofrat Meyer alle Aufmerksamkeit. Die von ihm sowohl in seinem Hause als außerhalb beschäftigten Künstler sind namentlich die Herren Gabler und Hergenröder. Die Schwester des letzteren wird als Pflanzenzeichnerin gerühmt." (Aus: Kunst und Altertum am Rhein, Main und Neckar.)

1815   24. August   Besuche: bei Münzfälscher Karl Wilhelm Becker, Geheimrat Metzler und Hofrat Meyer in der Schwanenapotheke auf dem Marktplatz.

Goethestraße

1830 geplant, 1864 „Kreuzstraße" genannt nach der Gewann „Im steinernen Kreuz", in der ein Kreuzstein gestanden.
1876 umbenannt nach Johann Wolfgang von Goethe (siehe: „Goethering").

Grabenstraße

1876 angelegt und benannt nach einem Wassergraben in der Gewann „Zwischen den Flutgräben". Flutgräben waren in Offenbach zur Entwässerung mehrfach angelegt worden.

Gravenbruchweg

Gravenbruch = Grauer Bruch, in dem einst Trachyt gebrochen wurde zur Herstellung von Pflaster- und Mühlsteinen. Der Weg selbst ist das Teilstück einer alten Fernstraße, die in die Straße „Auf der Rosenhöhe" bog und über Gravenbruch nach Sprendlingen weiterführte.
1586 wurde die Hofanlage von Sebastian von Heusenstamm erbaut und von Maria Theresia von Schönborn umgebaut. Erweitert im Jahre 1908.

Grazer Straße (Bi)

Neuere Straße, benannt nach der Hauptstadt der Steiermark. Früher: Lessingstraße.

Grenzstraße

Die gradlinige Ostgrenze war 1815 auf dem Wiener Kongreß im Zuge territorialer Neuordnung beschlossen und festgelegt worden, eine Reißbrettoperation ohne Rücksicht auf geschichtliche Entwicklungen.
Bereits im Jahre 1803, als die Biebermark (Biegermark) nach der Säkularisation des Kurfürstentums Mainz an Hessen-Darmstadt gefallen war, brach die jahrhundertealte, aus 12 Dörfern bestehende Markgenossenschaft auseinander. Dann gab es nach der Niederlage Napoleons das Fürstentum Isenburg nicht mehr. Es war dem Großherzogtum Hessen-Darmstadt zugesprochen worden, die Einzelverhandlungen führten die beiden hessischen Höfe von Herbst 1815 bis Sommer 1816 in Frankfurt am Main: Großherzog von Hessen und Kurfürst Wilhelm I. (Kurhessen).
Rund 10 000 Morgen wurden 1819 unter den Beteiligten aufgeteilt. Als größte Gemeinde gewann Offenbach beträchtlich: es durfte seine alte Isenburgische Hainbachgrenze (siehe: Hainbachweg) nach Osten vorschieben bis an die heutige Grenzstraße. 1733 9/10 Markmorgen Bodengewinn! 40 Morgen wurden zur Herstellung des Exerzierplatzes, des heutigen Sportplatzes, abgezweigt.
Die Grenzstraße selbst, 1894 noch ein Weg, ist vermutlich nach 1900 angelegt worden. Ursprünglich lief sie kerzengerade bis zum Main, mußte aber durch den Bau der Oehler-Werke, der jetzigen Naphthol-Chemie, auf die Mühlheimer Straße verkürzt werden.

Grimmstraße

In den 70er Jahren des vergangenen Jahrhunderts bereits geplant, aber erst nach 1900 angelegt, als das feuchte Garten- und Wiesengelände trockengelegt war.
Benannt nach den Germanisten Jakob Ludwig Karl (1785–1863) und Wilhelm Karl (1786–1859). Die beiden Brüder Grimm gaben 1812 die „Kinder- und Hausmärchen" heraus, Jakob in den Jahren von 1840–78 sieben Bände „Weistümer" (= Rechtssatzungen von Gemeinden und Genossenschaften), darunter auch das Offenbacher Weistum von 1453.

Große Marktstraße

1702 von Graf Johann Philipp auf herrschaftlichem Gelände als „Juden Gaß" vom Markt bis zur Herrnstraße angelegt. An

der Straße standen eine Synagoge (1708) und die Judenschule.
1721 großer Brand in der Judengasse (in Frankfurt 1711). Die Synagoge wurde zerstört, und im Jahre 1729 auf dem Gelände des heutigen Palastkinos eine neue errichtet, die später nach Fertigstellung der großen Synagoge an der Goethestraße (1916; seit 1942 Theater) verkauft wird.
1784 zählte man in der Judengemeinde: 36 Häuser, 153 Familien, 264 „Männer und Weiber", 314 Kinder, 109 Hausgenossen, insgesamt 687 Personen. Offenbachs Einwohner: 4482.
1822 Verlängerung der Gasse bis zur Kaiserstraße und, da nur noch wenige Juden ansässig waren, Umbenennung in „Große Marktstraße".

Großer Biergrund

1702 angelegt, nachdem durch die Zuwanderung von Hugenotten (1699, dann wieder 1703) neuer Baugrund bereitgestellt werden mußte. Der Name „Biergrund" hatte damals noch nichts mit Bier zu tun, sondern ist die Bezeichnung für die 1478 schon erwähnte Gewann „biegengrundt". 1563 befand sich dort Offenbachs erstes Gewerbe, die „Brennhütte", eine Kalkbrennerei.
„Biegen" waren Flußinseln im flachen, weitverzweigten Mainlauf zwischen Dietesheim und Offenbach. Auf Offenbach bezogen: der vom Main, Woog, Mühl- und Hainbach inselartig umflossene Wiesengrund, wie er auf dem Plan von Back zu erkennen ist.
1732 werden 5 freie und 15 zinspflichtige Häuser gezählt, außerdem ein Armenhaus.
Dieses 1714 von Lotteriegeldern erbaute Armenhaus blockierte, wie wiederum der Backplan von 1750 ausweist, die Verlängerung des Großen Biergrunds bis zur „Straß von Frankfurt nach Nürnberg" (Bieberer Straße).
1796 wurden die Armen und Waisen ausgesiedelt, und es installierten sich in dem langgestreckten Bau eine Plüschfabrik, dann die Andrésche Seidenfabrik, eine Gerberei, und zuletzt zog das 1. Bataillon des Hessischen Infanterie-Regiments „Groß- und Erbprinz" ein, nachdem Offenbach im Jahre 1817 Garnison geworden war. „Alte Kaserne" hieß nun das ehemalige Armenhaus.

1879 verschwand diese Kaserne (im Jahre 1842 bereits ein Neubau an der Bieberer Straße – heute Finanzamt), und endlich konnte der Große Biergrund zur Bieberer Straße durchbrochen werden.

Inzwischen hatte der Biergrund auch mit Bier zu tun, denn 1761 war am Mainufer ein Brauhaus hingestellt worden, la grande brasserie!

Groß-Hasenbach-Straße

1864 entstanden. Zwei Offenbacher Bürger veranlaßten den Ausbau dieser Straße: Zimmermeister Franz Groß (1830–1880) und Bauunternehmer Caspar Hasenbach (1829–1883). Beide Männer hatten erkannt, wie wichtig eine Straßenverbindung zur künftigen Bebraer Eisenbahnlinie sei, die neben Offenbachs beliebter Südpromenade, der „Lindenstraße" (Bismarckstraße) angelegt werden sollte – genau auf der mit „Seewasser – Am Schießhaus" bezeichneten Gewann.

Vorausplanend ließen Groß und Hasenbach den Fußweg, der zum alten Judenfriedhof führte (1708), nach Süden Stück um Stück ausbauen und konnten die letzte Teilstrecke, die mitten durch den Judenfriedhof führen mußte, nach langwierigen Verhandlungen mit der jüdischen Gemeinde endlich im Jahre 1879 fertigstellen, sechs Jahre nach der Einweihung der Bebraer Bahn am 15. November 1873! Glücklichen Umständen ist es zu danken, daß die Groß-Hasenbach-Straße, eine typische Vorstadtstraße, ihr Vorstadtgesicht mit den Häuserketten zu beiden Seiten bis heute zu bewahren vermochte. In der Gründerzeit war es gelungen, sich durch freies Feld an das Verkehrsnetz des Rhein-Main-Gebietes heranzutasten.

Gustav-Adolf-Straße

In den 70er Jahren des 19. Jahrhunderts angelegt und 1876 zur Erinnerung an den Schwedenkönig Gustav Adolf (1594–1632) benannt, der vom 15.–17. November 1631 im Offenbacher Schloß wohnte und Frankfurter Ratsherren empfing, um mit ihnen über die kampflose Übergabe ihrer Stadt zu verhandeln. Mit Erfolg. Die Nachbarstadt öffnete dem siegreichen König die Tore.

Gustav-Stresemann-Straße (Bi)

Gustav Stresemann (1878–1929), Außenminister der Weimarer Republik, verteidigte in Reden vor dem Reichstag seine auf Ausgleich und Versöhnung gerichtete Politik.

Gutenbergstraße

Um 1900 entstanden und nach dem Erfinder des Buchdrucks (bewegliche Lettern) Johannes Gensfleisch zum Gutenberg (1397 bis 1468) benannt. Seit Conrad Neben, dem ersten bekannten Buchdrucker Offenbachs, ist die Buchdruckerei in der Stadt eifrig betrieben worden.

Georg Philipp Telemann, von 1712–1721 städtischer Musikdirektor in Frankfurt am Main, schrieb zur 300-Jahrfeier für Gutenberg eine Festkantate, die in der 1784 niedergelegten Barfüßerkirche (an ihrer Stelle wurde die Paulskirche errichtet) aufgeführt worden ist.

1858 wurde in Frankfurt auf dem Roßmarkt das von Bildhauer Eduard Schmidt von der Launitz erstellte Gutenbergdenkmal enthüllt. Wenig bekannt ist, daß ein Offenbacher Künstler die auf dem Sockel stehenden drei Figuren (Johannes Gutenberg, Hans Fust, Peter Schöffer) in sog. Galvanoplastik ausgeführt hat: Georg Ludwig von Kreß. In seiner Offenbacher Werkstatt zerschnitt Kreß die vom Bildhauer modellierten Figuren, überzog die Teile im galvanischen Bad mit Kupfer und setzte alles wieder zusammen. Eine galvanoplastische Figur kostete halb so viel wie ein gleiches in Erz gegossenes Werk.

Händelplatz

Neu angelegt und nach Georg Friedrich Händel benannt (geb. 1685 Halle a. d. S., gest. 1759 London). Händel, einer der bedeutendsten deutschen Komponisten des Barock, nimmt sich in unmittelbarer Straßennachbarschaft von Hugo Wolf ganz apart aus, wie überhaupt die Musikernamen in Offenbachs Straßenbild sehr fachkundig zusammengestellt worden sind!

Immerhin: Georg Friedrich Händel hat auf weiten Umwegen mit Offenbach etwas zu tun. Nämlich durch englische Soldaten, die am 27. Juni 1743 in der Schlacht bei Dettingen verwundet und auf Schiffen nach Bürgel in den „Hof" gebracht worden waren.

Auch ein Bieberer hatte an dieser Schlacht teilgenommen: Pfarrer Johannes Lipp als Feldgeistlicher. Zwei Tage später starb er an einer Armverwundung im Kloster Seligenstadt.

Die Engländer jubelten, als ihr Sieg über die Franzosen bei Dettingen nach London gedrungen. König Georg II. wußte gar nicht, wie ihm geschah. Er, der Held der vornehmen Salons, war durch sein scheuendes Pferd, das er schlecht zu lenken verstand, in das Dettinger Getümmel geraten und wollte sich dem Kanonendonner entziehen, als die Schlacht bereits zu seinen Gunsten entschieden war. In London ließ er sich um so mehr als Helden feiern. Händel, Komponist der königlichen Kapelle, hatte zu den Siegesfeierlichkeiten und für den Festgottesdienst in St. James ein Tedeum geschrieben, das „Dettinger Tedeum". (Österreichischer Erbfolgekrieg 1741–1748).

Hafen

1899–1902 in der „Biege" (Mainkrümmung) von Stadtbaumeister Raupp angelegt auf dem Gelände des Großen und Kleinen Herrenrains. Bei Ausgrabungen wurde ein etwa 10 000 Jahre alter Einbaum mit Auslegervorrichtung gefunden (Stadtmuseum).
1902 Eröffnung des Hafens.
1908 Inbetriebnahme des Gaswerkes am Hafen (nach der Stillegung des Werkes wurde Offenbach an die Frankfurter Gasgesellschaft, später Maingaswerke, angeschlossen).
1946 wurde der Hafen in die Stadtwerke eingegliedert.

Heute bestehen 80 % der Schiffsladungen aus Mineralölen. Hafennutzer mit eigenen Einrichtungen sind 8 Mineralölgesellschaften, eine Propangasgesellschaft, drei Kohlefirmen, ein Schrottunternehmen, drei Kiesunternehmen und eine Spedition.

Hätte vor 100 Jahren ein reicher Bürger sein Vermögen nicht verloren, stünde heute in der Mainkrümmung die „Villa Biegehain", ein prachtvoller Langbau im Renaissancestil – im Jahre 1879 geplant!

Das gesamte Gelände sollte damals in einen Mainpark verwandelt werden, in die Nordwestanlage eines die gesamte Stadt umziehenden Grüngürtels.

Hainbachweg

Neu abgesteckte Straße, deren Namen auf den nahen Hainbach hinweist.

Der Hainbach, 1555 Heimbach und 1707 Hambach, bildete einst eine wichtige Grenze. Es lohnt, diesem alten Grenzbach zu folgen und mit ihm ein interessantes Stück Offenbacher Geschichte zu durchschreiten. Im Gegensatz zum Grenzgraben im Westen, der einem Neugierigen festes Schuhwerk und Kletterhosen abfordert, lädt der Hainbach zu einem vergnüglichen Sonntagsspaziergang ein.

Bei der Gemaa (Tempelsee) gehen wir los. Munter plätschert das Wässerlein unter dem Dag-Hammarsjköld-Platz durch und taucht, wie es sich schickt, vor der Stadthalle in einem wohlgemachten glatten Steinbett wieder auf. Dünn schießt es da über die kurze Repräsentationsstrecke, das Bächlein! Es könnte wohl kaum mehr die Räder der Tempelseemühle treiben, die drüben an der jetzigen St. Konrads-Kirche gestanden hatte. Alte Offenbacher erinnern sich noch des alten Gemäuers.

Hinter der Stadthalle schneidet sich der Bach in das Wiesengelände einer schönen Anlage. In respektvollem Abstand einige Hochhäuser mit Spielplätzen, gegenüber auf der anderen Seite hübsche neue Wohnhäuschen der Tempelsee-Siedlung. Kein Anwohner hüben wie drüben wagt sich an den Bach.

Kecker sind weiter unten schon die Kleingärtner, die an das Ufer rücken. Wenn keiner hinschaut, wird wohl manche Kanne aus dem Bächlein geschöpft. Der Bach verkraftet's, verlangt aber Geduld, denn er ist müde und schwach. Er hat ausgedient, alle Wasser sind ihm abgegraben. Das drainierte Land, vor hundert Jahren noch Wald und sumpfige Weide, schickt inzwischen sein Naß durch Röhrchen und Kanälchen hinab zum Main und kaum mehr in den Hainbach. Bleibt also, je mehr wir uns dem Spessartring nähern, ein dürftiges Rinnsal und des Baches tiefe Furche, ein Sprunggraben für kleine und große Buben.

Sprunggraben! Springen wir in die Geschichte! Ahnen die Hüpfer, wo sie auf dem rechten Ufer landen? Nein? Jahrhunderte zurück in der Biebermark (Biegermark), auf dem Boden eines alten Wirtschaftsverbandes, der, aus fränkischer Besiedlung hervorgegangen, die Mark als Gemeinbesitz betrachtete und demokratisch selbst verwaltete.

Auch Offenbach gehörte dieser Markgenossenschaft an, grenzte sich aber in seinem Weistum von 1462 bereits deutlich nach Osten ab, und als sich dann Grafen und Fürsten in den nächsten Jahrhunderten den Märkern gegenüber durchzusetzen vermochten (Absolutismus), zeigten die beiderseitigen Herrschaftsansprüche bald ihre Auswirkungen: im Offenbacher Raum erlangten die Isenburger freie Verfügungsgewalt über Grund und Boden und drüben in der Bieberer Mark die Mainzer Kurfürsten, die gar zu gern, wie heute die kleinen und großen Buben, auch noch nach Offenbach gehüpft wären. Doch das Nein der Isenburger gebot Halt und machte den Hainbach für lange Zeit unüberschreitbar. Und jetzt hopsen wir in das Offenbach des 16. und 17. Jahrhundert. Eine ganz andere Konfession, eine ganz andere Verwaltung! Gleich wieder rüber nach Bieber. Dort in der Mark bliesen die Hirten auf gemeinschaftlichem Weideland noch ihre Signale, die Herden zu treiben oder ein verirrtes Tier einzufangen. Sie bliesen bis zum Einfall der Napoleonischen Revolutionstruppen. Wie hatte sich beiderseits des Hainbaches alles auseinander entwickelt! Im Luftsprung wieder zurück zu den Isenburgern. Ja, was tat sich hier? Rauchende Schlote kündeten eine neue Epoche an, das Industriezeitalter des 19. Jahrhunderts. Vorbei der Viehtrieb durch die Waldstraße zum Buchhügel!

Und drüben? Die neue Zeit und das eigene Ende ahnend, pfiffen die enttäuschten Märker auf alte Gemeinsamkeit. Jeder holte an Holz, was zu raffen war. Der Wald verschwand, das Land verödete. Auch der Hainbach hatte als Grenze ausgedient. Im Jahre 1819 wurde die Offenbacher Grenze an die heutige Grenzstraße nach Osten vorgeschoben. Für die Stadt ein Gewinn, aber verbunden mit zusätzlicher Arbeit: die Öde mußte aufgeforstet werden (unser heutiger Stadtwald).

Nach diesen Sprüngen in die Geschichte spazieren wir weiter und merken, am Spessartring angelangt, daß auch eines Baches Leben mehr aus Bedrängnis als Erleichterung gemischt ist, denn jenseits der Ringstraße, vor dem Schlachthof, biegt wohl ein schöner Graben links zu den Kleingärten ab, doch leider nicht unser Hainbach. Dieser wird an der Biegung von einem finsteren Überlaufrohr geschluckt und verschwindet unter dem Schlachthofgelände. Erst jenseits der Buchhügelallee im Garten des Altenheims taucht das Wässerlein wieder auf. Dort tröpfelts in den Weiher und – wieder hinaus in die Kanalisation des Hessenrings.

Ursprünglich, da das Wasser noch offen dem Main zubächelte, teilte sich der Hainbach in einen West- und Ostgraben. Letzterer ist und bleibt unser Hainbach, trotz verwirrender Namen, die man ihm gegeben: Grenz-, Gäns-, Schnegel- und Mühlbach. Auch weiß man nicht, was die Kanalrohre heute mit dem altehrwürdigen Gewässer unter der Erde in Wirklichkeit treiben. Ob sie seinem Lauf folgen oder nicht, ist kaum auszumachen. Scharfe Ohren wollen nach starken Regengüssen den Bach unter einem Kanaldeckel der Friedrichstraße rauschen hören...

An der Friedrichstraße hatten sich beide Wasserläufe, der Ost- und Westgraben, wieder vereinigt und ehedem solche Wassermengen mitgebracht, daß die Pauserschen Bleichen beliefert (Bleichstraße) und die Räder der alten Isenburgischen Erbleihmühle, auch Webes- und Quantzenmühle genannt, mit Leichtigkeit angetrieben werden konnten. Diese Mühle, 1478 erstmals erwähnt, klapperte an der heutigen Sparkasse zwischen Karl- und Friedrichstraße.

Um des Wassers Herr zu werden, zog man im Jahre 1885 einen tüchtigen Fachmann zu Rate, den französischen Tiefbauingenieur Monnier, der die Fluten in dicke zementene Drahtnetzrohre unter die Friedrichstraße zu zwingen verstand.

Doch vor seiner Zähmung schoß der Bach zur Bieberer Straße weiter und unter einer steinernen Brücke hindurch, genau dort, wo heute die Friedrichstraße in die Bieberer Straße einmündet.

Wer bleibt dort in dem Menschen- und Autotrubel verweilend stehen und gedenkt des Hainbaches, der steinernen Brücke und der Geleitswagen, die jahrhundertelang darüber rumpelten? Kaum einer. Dort, gar nicht weit vom Marktplatz entfernt, endete Offenbach. Dort begann Kurmainz, später Hessen-Darmstadt, und als der Großherzog 1816 Offenbach schließlich vereinnahmte, verlor der Hainbach seine Grenzfunktion, wie oben schon gesagt. Das Lineal zog weiter östlich einen kerzengeraden neuen Grenzstrich (Grenzstraße).

Verweilen wir noch einen Augenblick an der steinernen Brücke. Unmittelbar davor zweigte, nach links der Bieberer Straße folgend und dann nach Norden abbiegend, ein Wasserlauf ab, ein Kanal, der den zwischen Sandgasse und Großem Biergrund gelegenen sog. Woog (= Wasser) zu speisen hatte, einen herrschaftlichen Fischteich. Dessen Ablauf trieb zu guter Letzt noch die Tannenmühle am Main.

Diese Gewässer sind inzwischen alle verschwunden. Verschwunden sind auch die Biegen, die vom Wasser umspülten vielen kleinen Inselchen, die dem Biergrund, dem großen und dem kleinen, den Namen gegeben – nicht die Bierbrauereien, die erst im 19. Jahrhundert sich ansiedelten!

Und unser Hainbach? Er floß zwischen Karlstraße und Großem Biergrund endlich in den Main, nachdem er dort die letzte Brücke, die Biegenbrücke, passiert hatte. Ein wahrhaft tüchtiges Hainwasser!

Hainerweg

Neue kleine Straße, die an den „Hain in der Dreieich" erinnern soll, den heutigen Ort Dreieichenhain, von dem aus ein Vogt als Vertreter des Königs den Forst verwaltete.
„Hain" ist eine kontrahierte Form von Hagen = Dornbusch, ein natürlicher Zaun aus Dornengestrüpp, Gehölz, Gehege, hier also ein gehegter und eingefriedeter Wald. Den Gewannamen „Hain" findet man auch im Frankfurter Gebiet. Dort führt der Hainerweg fast gradlinig nach Dreieichenhain.

Hamburger Straße (Bi)

Teilstück der Bieberer Halbringstraße, benannt nach der Hansestadt Hamburg. Vorher: Odenwaldring. Der Hamburger Straße mußte Mozart weichen (siehe: Mozartweg).

Harrasweg (Bi)

Nach der mittelalterlichen Gewann „Die Harras" benannt, einem an der Bieber gelegenen, von Buschwerk bestandenen Landstück, das in Ackerland verwandelt werden mußte.

Hauffstraße

Neuere Straße, nach dem Dichter Wilhelm Hauff (geb. 1802 Stuttgart, gest. 1827 ebd.) benannt. Schrieb historische Heimatromane und patriotische Liedertexte (Steh ich in finstrer Mitternacht).

Haydnstraße

Neuere Straße. Franz Joseph Haydn (geb. 1732 Rohrau/Burgenland, gest. 1809 Wien) schuf die endgültige Form des klassischen Instrumentalstils (Sonate, Sinfonie), den er dreißig Jahre lang am Hofe Esterhaz in Eisenstadt als Chef eines der damals berühmtesten Orchester hatte erproben können. Hauptwerke: etwa 125 Sinfonien, 163 Klaviersonaten, Kammermusik, Opern, Oratorien (Schöpfung, Jahreszeiten). Bis zum Jahre 1805 druckte der

Offenbacher Verlag Joh. André 116 Werke von Joseph Haydn. Joseph Haydn machte im Jahre 1799 in Wien den Musikverleger Anton André (siehe: Andréstraße) auf die Notlage der Witwe Mozarts aufmerksam, die dem Offenbacher den handschriftlichen Nachlaß ihres Mannes verkaufte. Original des Kaufvertrages im Besitz der Familie André in Offenbach.

Hebestraße

Vor etwa 100 Jahren angelegt und 1887 nach der Gewann „Uff der Heppe" (1536) benannt, einem Bezirk von Ackerland, das sich einst in der Gestalt einer Hippe hingezogen hat. Eine Hippe ist ein Winzer- oder Gärtnermesser mit gebogener Klinge.

Heinrich-Heine-Straße

Vorher „Beckerstraße", dann nach dem Schriftsteller und Lyriker Heinrich Heine benannt (geb. 1797 Düsseldorf, gest. 1856 Paris). Heine, dem das Ideal freier, schöner Menschlichkeit vorschwebte, ist Gesellschaftskritiker mit scharfem Witz und bisweilen sarkastischer Frivolität.

Heinrich-Krumm-Straße (Bi)

Benannt nach dem Offenbacher Lederwarenfabrikanten Heinrich Krumm (geb. 1896 Offenbach, 1957 Autounfall). Heutige Firma: Gold-Pfeil, Ludwig Krumm AG.

Helene-Mayer-Straße

Benannt nach der Offenbacher Fechterin Helene Mayer (geb. 1911, gest. 1953 München). Sie errang 1928 bei den Olympischen Spielen in Amsterdam die Goldmedaille im Damenflorett. Als Frau Falkner von Sonneburg starb sie in München.

Henry-Dunant-Weg

Henry Dunant (1828–1910), Gründer des „Roten Kreuzes", erregte die Weltöffentlichkeit durch seine Schilderung des Elends der Kriegsverwundeten.

Herderstraße (Bi)

Früher: Immelmannstraße, Uhlandstraße. Benannt nach dem Theologen und Kulturphilosophen Johann Gottfried von Herder

(1744–1803). Traf 1770 in Straßburg mit Goethe zusammen und regte ihn an, Volksliedertexte zu sammeln. Besuch in Offenbach bei Sophie Laroche in der Domstraße.

Hergenröderstraße
Neuere Straße, nach dem Offenbacher Maler und Zeichenlehrer Georg Heinrich Hergenröder benannt (geb. 1736 Darmstadt, gest. 1799 Offenbach). Hergenröder machte sich durch seine Landschaftsbilder, vor allem aber durch seine Grotten- und Höhlenmalerei einen Namen. Aus den Jahren 1783 bis 1787 verdanken wir ihm sieben Offenbach-Ansichten.
Seine beiden Söhne, auch Maler, erreichten nicht die Fertigkeit des Vaters. Johann Matthias (geb. 1774 in Offenbach) arbeitete am Vogelbuch des Hofrats Dr. Meyer mit (siehe: Goethering), und Johann Friedrich (geb. 1782 Offenbach) zeichnete den Offenbach-Plan von 1802 und die sog. „Schlacht an der Kreuzung Frankfurter Straße/Kanal(Kaiser-)straße am 12. Juli 1800".

Hermann-Löns-Straße
Neuere Straße, benannt nach dem Dichter Hermann Löns (Pseud. Fritz von der Leine; geb. 1866 Kulm/Westpreußen, gefallen 1914 bei Reims). Dichter der Lüneburger Heide.

Hermann-Steinhäuser-Straße
1865 entstanden, ursprünglich Rohrstraße genannt nach der bereits 1745 urkundlich erwähnten Gewann „Das Rohr", einem feuchten Wiesengelände.
1939 umbenannt nach dem Offenbacher Industriellen und Ehrenbürger Hermann Steinhäuser (1859–1949). Steinhäuser, ein gebürtiger Friedberger, kam 1870 nach Offenbach und gründete die Filzfabrik Steinhäuser & Kopp.

Hermannstraße
Um 1885 angelegt und 1887 benannt. Ob mit zwei oder einem „r" geschrieben und wer mit dem Namen eigentlich gemeint ist, darüber erhält man verschiedene Auskunft:
1. „Heißt nach dem Cheruskerfürsten (18 v.–19 n. Chr.)" (Gertrud Jost).
2. „Peter Herrmann, genannt Parre Herrmann, ein religiöser Schwärmer, hält vom Fenster seines Hauses im Gr. Biergrund

Predigten. Er vermacht der Stadt ein Grundstück, die dadurch die Ziegelstraße nach der Schloßstraße durchführen kann. Die Herrmannstraße erinnert an ihn" (Georg Hofmann).

Herrnrainweg

Neue Straße, benannt nach der Gewann „Auf dem hohen Rain rechts des Wegs" (vgl. Hochrainstraße). Vor der Fertigstellung der Kaiserleibrücke im Jahre 1965 gehörte diese Straße noch zum Nordring.

Herrnstraße

Diese alte Straße ist in Teilabschnitten angelegt und gebaut worden.

Strecke Frankfurter Straße–Mainstraße

1691 wurde dieser Streckenabschnitt, nunmehr von der Berliner Straße durchschnitten, auf Veranlassung des damaligen Regenten, des Grafen Johann Philipp, angelegt. In weiser Voraussicht auf künftig zu erwartende Religionsflüchtlinge (1685 Aufhebung des Edikts zu Nantes) hatte der Graf das herrschaftliche Gelände des Hirsch- und Baumgartens zur Bebauung freigegeben (erste Stadterweiterung).

1708 wird die Lateinschule von der Schloßstraße (Rudolf-Koch-Schule) an die „Neue Gaß" verlegt.

1732 heißt die „Neue Gaß" schon „Gr. Herrn Gaß", weil sich inzwischen vermögende Neubürger angesiedelt hatten. Neben 18 zinspflichtigen Hofreiten gab es 9 Freihäuser, deren Besitzer von Abgaben befreit waren.

1784 zählte man in den Häusern Nr. 31 bis 65 (andere Numerierung als heute): 11 Handwerker, 10 Arbeiter, 10 Fabrikanten, 4 fürstl. Beamte, 3 Chirurgen, 2 Rektoren (Scholl, Pauli), 2 Pfarrer (frz.-ref. Kirche 1717; lutherische Stadtkirche 1748), 1 Schulmeister (Angersbach), 2 Musiker, 1 Advokat, 1 Hofrat, 1 Bäcker, 1 Cafetier, 1 Landwirt, im lutherischen Armenhaus 10.

Außerdem: 112 Kinder und 138 sonstige Personen (Witwen, Privatiers u. a.). Insgesamt: 310. Einwohnerzahl 4482.

Die nördliche Herrngasse führte noch nicht zum Main, sondern bog nach Westen in die „Main Gaß", den späteren Linsenberg, ab, weil das Haus des Nikolaus Bernard im Wege stand. Der Teil dieser Gasse ist in die Weltliteratur eingegangen (Goethes Dichtung und Wahrheit, Buch 17). 1892 Durchbruch der Herrnstraße zum Main. Dabei verschwand auch das d'Orvillesche Gartenhaus, in dem Goethe den Liedern seiner Lili lauschte...

Strecke: Frankfurter Straße–Geleitsstraße

Dieser Straßenabschnitt wurde zunächst nur bis zur „Juden Gaß", der heutigen Großen Marktstraße, durchgezogen, nachdem Graf Johann Philipp im Jahre 1703 wiederum einen Teil des herrschaftlichen Baumgartens freigegeben hatte.
Das neue Straßenstück hieß „Schäferstraße", weil dort Schäfer wohnten und auch ein Schafstall gestanden haben soll, wie Emil Pirazzi vermutet.
1898 Durchbruch zur Geleitsstraße. Und nun nannte man die gesamte Straße vom Main bis zur Geleitsstraße endlich „Herrnstraße".
Welch ein Stilwandel von der nördlichen Herrnstraße mit dem französisch-reformierten Pfarrhaus bis hin zu den Häusern der Gründerzeit an der Geleitsstraße! Während die untere Herrnstraße vielleicht noch einen Hauch Goethe bewahrt haben mag, verliert sich die obere im Trubel der City.

Büsingpalais (Herrenhaus)

1780	erbaut von den beiden Schwägern Peter Bernard (1755–1805) und Jean Georg d'Orville (1747–1811) nach den Plänen von Ingenieur Nix, dem Geometrielehrer der Lateinschule.
1783	am 10. August wurde Offenbachs erster Bürgermeister geboren: Peter Georg d'Orville, Sohn des Jean Georg d'Orville.
1899–1902	umfassende bauliche Veränderungen durch Professor W. Manchot auf Veranlassung von Freiherrn Adolf von Büsing, einem Verwandten der d'Orvilles.
1920	12. August: Ankauf des Herrenhauses durch die Stadt, die es für ein Rathaus einrichtet.
1920–1943	Rathaus der Stadt.
1943	am 20. Dezember wird das Palais durch Bomben zerstört.
1952	am 13. Dezember zieht die Stadtbücherei in einen wieder aufgebauten Seitentrakt ein.
1953	am 7. November wird das Klingspormuseum im anderen aufgebauten Seitentrakt eröffnet.

1977   am 20. Juli wird im neuen Rathaus der „Förderkreis Wiederaufbau Büsingpalais e. V." gegründet.

Die Bedeutung des Herrenhauses

Die Herrnstraße erhielt ihren Namen, weil Offenbachs wohlhabende Bürger, die Herren, sich an der Straße ansiedelten, und es wundert nicht, daß nunmehr der größte und schönste Bau, der an diese Straße grenzte, von den Leuten „Herrenhaus" genannt worden ist, von den Armen im Osten der Stadt vermutlich eher als von den Reichen im Westen oder gar von den Bauherren selber.

Das Bernard-d'Orvillesche Herrenhaus muß derart attraktiv gewesen sein, daß man von dem „Offenbacher Schlößchen" sprach. Was war in Offenbach geschehen? Ein durchgreifender gesellschaftlicher Wandel: die Standeserhöhung des Bürgers war vollzogen und das Herrenhaus repräsentativ in den Mittelpunkt gerückt.

Die Verbindung der Bernards und d'Orvilles, also nordhessischen Handwerkerblutes mit dem französischen Adels, erwies sich als glückliche Ergänzung von Tatkraft und Eleganz, Muse und Geschäftsgeist. Beide Schwäger, Peter Bernard und Jean Georg d'Orville, bewohnten mit ihren Familien die seitlichen Gebäude des Hauses und trafen sich zu festlichen Anlässen in großen Sälen, die in der Mitte lagen, vor allem im oberen Prunksaal mit einer etwa 8 m breiten, 6 m tiefen und 4 m hohen Bühne.

Im unteren Gartensaal drangen an warmen Sommertagen aus geöffneten Türen und Fenstern die Klänge der Bernardkapelle in den Garten, wenn nicht gar auf der Freitreppe musiziert wurde. Freier Zutritt für jedermann, erste Offenbacher Volkskonzerte.

Peter Bernard, die bedeutendste Persönlichkeit der damaligen glanzvollen Epoche, leistete sich dieses Virtuosenorchester, nicht um es Fürsten gleichzutun (vom Isenburger Hof ist keine Musikpflege überliefert), sondern um Offenbachs Sonderstellung und Selbständigkeit herauszustellen. Auf Bitten Frankfurts half er jahrelang der dortigen Oper mit seinen Musikern aus.

Hertzweg (Bg)

Neuere Straße zur Erinnerung an den Physiker Heinrich Hertz (geb. 1857 Hamburg, gest. 1894 Bonn). Nach ihm ist die Einheit der Frequenz Hz = Hertz benannt.

Herzogstraße

Neuere Straße, benannt nach dem Dichter Rudolf Herzog (geb. 1869 Barmen, gest. 1943 Rheinbreitbach). Neben Gedichten und Dramen schrieb er auch Romane aus der Welt des nationalstolzen Großbürgertums der wilhelminischen Ära.

Hesselbuschstraße (Bg)

Neuere Straße, die den Namen der Gewann „Am Hesselbusch" trägt.

Hessenring

1876 als Promenade projektiert und 1885 als „Tempelseering" der Grünanlage um die Stadt eingefügt. Heute „Hessenring". Das Versorgungsheim, auch einmal „Bernardstift" genannt, wurde am 1. 10. 1878 eröffnet.

Hessenstraße (Bg)

Zur Erinnerung an das Jahr 1816 benannt, als Bürgel zusammen mit dem Isenburg-Birsteinischen Oberamt Offenbach an Hessen gefallen war (1908 eingemeindet).

Heusenstammer Weg (Bg)

Im Jahre 1908 – zur Zeit der Eingemeindung Bürgels nach Offenbach – stand der Bürgeler Wald noch bis zum Heusenstammer Weg, damals noch ein Fußweg. Nach dem ersten Weltkrieg siedelten sich in dieser ruhigen Gegend die ersten kleinen Häuschen an. Der inzwischen zur Straße ausgebaute Weg führt heute nach Süden an ein neues großes Neubaugebiet.

Hintergasse

Zu Beginn des 18. Jahrhunderts als Gasse entstanden, die hinter der Stadtmauer (1732) von der Judengasse zu der nicht mehr existierenden Straße „Hinter der Mauer" verlief. Heute: das kleine Verbindungsstück zwischen Großer Marktstraße und Geleitsstraße.

Hinterwaldweg

Neuere Straße, nach dem Waldgebiet „Hinterwald" genannt. Der Hinterwald lag etwa im Bereich der heutigen Rosenhöhe, der Vorderwald im Lauterborngebiet.

Hochrainstraße

Neue Straße, nach der alten Gewann „Auf dem hohen Rain links des Wegs" (vgl. Herrnrainweg).

Hochstädter Straße (R)

Neuere Straße, benannt nach dem jenseits des Mains liegenden Hochstadt.

Hölderlinstraße (Bg)

Neuere Straße, benannt nach dem Dichter Johann Christian Friedrich Hölderlin (geb. 1770 Lauffen/Neckar, gest. 1843 Tübingen). Von 1793–1798 Hauslehrer bei dem Frankfurter Bankier Gontard (‚Diotima').

Hofstraße (R)

Ältere Straße, nach dem landgräflichen Hofgut (Viehmann) benannt.

Hohestraße

Um 1885 angelegt. Die Straßentäufer fielen nicht auf die Idee, die Straße nach der Gewann „In den Stümpfen" zu benennen, sondern verliehen der neu angelegten Bahn einen Hauch von Römerstraße, weil man angeblich römische Scherben zutage gefördert hatte. Im Römerrausch wurde auch übersehen, daß die Hohestraße nirgendwo eine Höhe passiert oder einer solchen folgt, wie dies römische Hohe Straßen zu tun pflegen.

Immerhin: ein schöner Name, auch von Dauer, da er unpolitisch ist.

Hospitalstraße

1855 nach dem alten Hospital benannt, in dem sich heute die Staatsanwaltschaft Darmstadt, Filiale Offenbach, befindet. Wie so manche Straße Offenbachs war auch die Hospitalstraße vor gar nicht langer Zeit noch mit Kopfsteinen gepflastert. „Die Hospitalstroaß hoaßt nor deshalb so, weil mer hier mit dem Fahrrad sterzt unn sich uff dem Plaster die Knoche bricht unn dann ins Hospital muß!" – spöttelte der Volksmund.

Einige Häuser aus der Gründerzeit sind noch erhalten.

Hospital

1855–1858 Erbauung des Hospitals.
1858–1894 Hospital.
1894–1918 Mädchenschule (nach der Eröffnung des Stadtkrankenhauses am 6. 9. 1894; Baubeginn 1891), vorübergehend auch Lazarett.
1918–1933 Arbeitsschule.
1933–1938 Städt. Handelslehranstalt.
1938–1945 Stadtbücherei.
bis 1971 Rathaus.
seit 1971 Staatsanwaltschaft Darmstadt, Filiale Offenbach.

Armen- und Siechenhäuser

1611 ein Siechenhaus außerhalb der Stadtmauer etwa an der heutigen Ecke Wald- und Geleitsstraße (siehe Backplan).

1714 ein durch Lotteriegelder erstelltes Armen-, Waisen- und Arbeitshaus an der Bieberer Straße (siehe: Großer Biergrund).

1824 1. das deutsch-reformierte Armenhaus im Französischen Gäßchen beherbergte ein Bürgerhospital, das aus Spenden der Bürger und des Fürstenhauses finanziert worden war. Regelmäßige Beitragszahler erkauften sich spätere freie Unterkunft und Behandlung – eine Art Krankenversicherung, die dann 1913 reichsgesetzlich eingeführt wurde.
2. Peter Bernards Witwe stiftete das ehemalige Musikerhaus (siehe: Bernardstraße) als Wohn- und Arbeitsstätte für Arme. Sie selbst verbrachte dort ihren Lebensabend bis zum Tode im Jahre 1834.

1832 wurde ein Blatternhaus an der Buchhügelallee erbaut.

1850 Errichtung des städtischen Armenhauses an der Kaiserstraße, etwa auf dem Gelände des heutigen Amtsgerichts (dessen Eröffnung 1879, Erweiterung und Umbau 1916–1920).

Hugenottenplatz

Neu angelegter Platz in der City, zur Erinnerung an eingewanderte Hugenotten, die in der Offenbacher Stadtgeschichte eine bedeutende Rolle gespielt haben.

1685	Aufhebung des Edikts von Nantes durch Ludwig XIV.
1698	Ein gewisser David de Calmez erkennt die günstige Lage Offenbachs für Handel und Gewerbe und bittet Graf Johann Philipp um Aufnahme von Flüchtlingen. Die ersten Hugenottenfamilien treffen in Offenbach ein.
1699	Massenabwanderungen aus Frankreich. Konstituierung der französisch-reformierten Gemeinde: 46 Familien, 120 Personen. Offenbachs Gesamteinwohner: 793.
1703	Ankunft neuer Flüchtlinge, kapitalkräftiger Handwerker wie Seiden- und Leinweber, Strumpfwirker, Hutmacher, Goldarbeiter, Färber und Uhrmacher. Beginn der Industrialisierung Offenbachs.

Hugo-Eberhardt-Weg

Benannt nach Hugo Eberhardt (geb. 1874 Furtwangen, gest. 1959 Miltenberg/Main), dem Begründer des Deutschen Ledermuseums (1917) und Leiter der Werkkunstschule. Ehrenbürger der Stadt Offenbach seit 15. 10. 1953.

Hugo-Wolf-Straße

Hugo Wolf (geb. 1860 Windischgrätz/Steiermark, gest. 1903 Wien), nach Brahms der größe Liederkomponist.

Humboldtstraße

Neuere Straße, nach den Brüdern Alexander und Wilhelm von Humboldt benannt.

Alexander	(1769–1859)	Naturforscher und Geograph.
Wilhelm	(1767–1835)	Gelehrter und Staatsmann. Als preußischer Unterrichtsminister befürwortete er das neuhumanistische Gymnasium und gründete die Berliner Universität.

Humperdinckstraße

Neuere Straße, benannt nach dem Komponisten Engelbert Humperdinck (geb. 1854 Siegburg a. Rh., gest. 1921 Neustrelitz).

1890–1896 Kompositionslehrer am Frankfurter Hoch'schen Konservatorium, wohnte im Grüneburgweg 95 mit dem Arzt Dr. Heinrich Hoffmann, dem „Struwwelpeter-Hoffmann", zusammen. Seine berühmte Oper „Hänsel und Gretel" entstand in Frankfurt aus einem Familienstück.

Im Birkengrund (Bi)

Neuere Straße, nach einer Gewann benannt. Früher: Beethovenstraße.
Der Birkengrund war ein mit Birken bestandener Grund (= Niederung).

Im Eschig (Bg)

Neuere Straße, nach einer Gewann benannt, die auf den ehemaligen Baumbestand schließen läßt.

Im Frankfurter Grund (Bi)

Neuere Straße (früher: Luisenstraße), nach der Gewann „Auf den heiligenstock im Frankfurter Grund". Dieser Name erinnert an ehemaligen Grundbesitz des St. Bartholomäus-Stiftes (Dom) und einiger Frankfurter Klöster.

Im Gartenfeld (R)

Ältere Straße, nach einer Gewann gleichen Namens.

In den Bruchgärten (Bi)

Ältere Straße, nach einer Gewann gleichen Namens genannt. Früher: Lämmerspieler Straße. Bruch = Sumpf, nasse Wiese, Moorboden.

In den Lindengärten (Bi)

Ältere Straße, nach einer Gewann gleichen Namens. Früher Lindenstraße.
Die Linde findet sich allerorts, auch mit Brunnen und Tor. Wie in Bieber. Es gab die Gerichtslinde, unter der die Schöffen der

Biebermark über Diebe und Marktfrevler befanden. Es lief der Brunnen, und in unmittelbarer Nähe war das Tor der Landwehr. Außerdem noch die Lindenmühle, nach der Dorflinde geheißen... Ob aber die damals armen Bewohner zum Singen aufgelegt waren, wie wir heute gern nachempfinden, ist mehr als fraglich.

Indianerpfad
Siehe: Langener Straße.

Innsbrucker Straße (Bi)
Neuere Straße, benannt nach der Hauptstadt Tirols. Früher: Zeppelinstraße.

Isenburgring
Um 1885 entstanden (1876 bereits projektiert) und zur Erinnerung an die früheren Landesherren von Offenbach, die Grafen und Fürsten von Isenburg, benannt.
1906 waren die Grünanlagen fertiggestellt.

Jacob-Mönch-Straße (Bi)
Benannt nach dem Offenbacher Lederwarenfabrikanten Johann Jacob Mönch, Geh. Kommerzienrat (geb. 1786 Offenbach, gest. 1874 ebd.). Er gilt als der Begründer der Offenbacher Lederwarenindustrie.
Die im Jahre 1817 gegründete (1880 eingegangene) Lederwarenfabrik stand am Aliceplatz auf dem Grundstück, das heute z.T. vom Postamt eingenommen wird.

Jacques-Offenbach-Straße
Neuere Straße, benannt nach Jacques Offenbach (geb. 1819 Köln, gest. 1880 Paris), Operettenkomponist (Orpheus in der Unterwelt u. a., Oper: Hoffmanns Erzählungen).
Jacques Vater, aus der Rhön stammend, war jahrelang Kantor der jüdischen Gemeinde in Bürgel. Sein Name: Juda Eberscht. Nach seiner Umsiedlung nach Köln nannte er sich in Erinnerung an seine Offenbacher Zeit „Offenbach", folglich auch seinen Sohn, der am 17. Juni 1819 in Köln geboren wurde.

Jahnstraße (Bg)
Ältere Straße, nach Turnvater Friedrich Ludwig Jahn, dem Schöpfer des deutschen Turnwesens, benannt (geb. 1778 Lanz/Prignitz, gest. 1852 Freyburg a. d. Unstrut).
1843 Gründung des Offenbacher Turnvereins.
1848 Jahn besucht den Sprachforscher Dr. Karl Ferdinand Becker (siehe: Arndtstraße und Karl-Ferdinand-Becker-Weg) und den Maler Georg Wilhelm Bode (siehe: Schloß).

Johann-Strauß-Weg
Johann Strauß, Sohn (geb. 1825 Wien, gest. 1899 ebd.), Walzer, Operetten (Fledermaus).
Rückblickend auf seine Jugendzeit schreibt Emil Pirazzi am 6. Januar 1857 über den Strauß-Walzer: „Damals raste man noch nicht wie heutzutage im Galopp und Walzer gleich Bacchanten im Furioso dahin, sondern bewegte sich im gemessenen Allegro, und die Gesundheit und der Anstand befanden sich wohl dabei. Wahrhaftig! Unsere Sanitätspolizei sollte diesem selbstmörderischen Treiben, wozu Meister Strauß das Tempo angegeben und das aller Vernunft und Grazie Hohn spricht, gewaltsam Einhalt tun. Wie manche jugendliche Blüte wurde dadurch nicht schon vor der Zeit geknickt und der heitere Tanz zum Todestanz!"

Johannes-Morhart-Straße
Im vergangenen Jahrhundert angelegt (1885), zunächst Mozartstraße, dann nach dem Offenbacher Heimatforscher, Maler und Kaufmann Johannes Morhart benannt (geb. 1864 Offenbach, gest. 1937 ebd.).
Der vielseitige Mann – auch Portefeuiller, Jäger – wird vor allem als Unternehmer gerühmt, weil er seinen Gewinn, den er erzielte, der Stadt zukommen ließ, die er über alles liebte.

J.-F.-Kennedy-Promenade
Neu angelegte Promenade zur Erinnerung an den 35. Präsidenten der USA, John Fitzgerald Kennedy (1917–1963). Präsident von 1960 bis 1963, ermordet.

Julius-Leber-Straße
Widerstandskämpfer Julius Leber, ermordet nach dem 20. Juli 1944.

Kaiserleistraße

Neuere Straße, benannt nach den Kaiserleifelsen im Mainbett.
Weshalb Kaiser? Nach fränkischem Recht gehörten die Straßen und Flüsse dem Kaiser. Auch das Jagd- und Fangrecht.
Am Main, unterhalb von Offenbach, lag der kaiserliche Fang = „Kayßer Fach". Mit dem Schwinden des kaiserlichen Krongutes ging auch das Fach, also der kaiserliche Fischfang ein und auf die Territorialherren über, bei uns auf die Isenburger Grafen und Fürsten (siehe: Fachackerstraße).
Weshalb Lei? Lei (ley) hießen die Felsen (vgl. Lorelei), die an dieser Stelle das Mainbett blockierten und die Fahrrinne am Offenbacher Ufer in gefürchtete Stromschnellen verwandelten.
Goethe bereitete es im Sommer 1775 viel Freude, von Offenbach im Kahn über diese Schnellen nach Frankfurt zu treiben.
Im Jahre 1852 wurden die Felsen gesprengt, um der aufkommenden Dampfschiffahrt eine ungefährlichere Fahrrinne zu schaffen.
Noch um die Jahrhundertwende fanden Sachsenhäuser Buben an dieser rasanten Fahrt einen Heidenspaß, wenn sie mit Fischer Würges (Werjes) stromauf nach Bürgel treideln und den sandbeladenen Schelch durch die brausenden Wasser hinab lenken durften, derweil der Fischer, während des Aufladens in der Bürgeler „Löwenlies" verschwunden, nunmehr sanft auf dem Sande die Stromschnellen überschlummerte.
Heute stecken diese Felsen im Wasserstau unter der Kaiserleibrücke, können aber schwer beladenen Schiffen bei Niedrigwasser noch gefährlich werden.

Kaiserstraße

Um 1766 als Westgrenze der Stadt angelegt, sogar mit Abwasserkanal. Zum Wohnen nicht angenehm. Dies änderte sich, als die Familien Bernard-d'Orville im Jahre 1773 ein Gelände von drei Morgen bis an die Kanal(Kaiser-)straße erwarben und in einen prächtigen Park verwandelten (heutiger Büsingpark). Das lockte.

1804 wurde der Kanal überwölbt, zugeschüttet, die Straße eingeebnet und zu einer schönen Linden- und Ahornallee umgestaltet. Noch nicht bis zum Main. Von der heutigen Goethestraße führte zum Fluß ein Ackerweg.

Und im Süden? Die Kanalstraße endete an der Geleitsstraße.

1857 Als Sprendlinger Chaussee knickte die Straße am alten Geleitsweg nach Südwesten ab, führte zugleich aber auch gradlinig bis zum heutigen Hauptbahnhof weiter und hieß, da sie in Richtung Darmstadt wies, ganz einfach „Darmstädter Straße".

1864 Die Kanalstraße zum Main durchzuziehen, scheiterte immer wieder am Einspruch des Gemeinderates, der es als besser erachtete, die Straße „im stumpfen Winkel" weiterzuführen. So geschah es. Name: Untermainstraße (heutige Speyerstraße).
Diese Straße endete an einem langen Balken, damit keiner in den Main falle oder fahre. Immerhin eine beliebte Spazierstraße, denn am Balken bot sich ein prächtiger Blick über den Fluß.
Im gleichen Jahre gibt der Gemeinderat auf Drängen einiger Bürger endlich seine hartnäckige Haltung auf und läßt die Kanalstraße zum Main gradlinig durchziehen und ausbauen. Ein Brückenbau lag in der Luft!
Seufzerallee nannten die Offenbacher diese endlich fertiggestellte Strecke. Und weshalb? Wer's waaß, werd's wisse, sagte man.

1876 Nichts lag näher, die Kanalstraße, nunmehr eine kerzengerade Prunkstraße, nach dem Kaiser zu benennen. Das Deutsche Reich bot Anlaß genug.

1877 am 3. Oktober marschierte Generalfeldmarschall von Moltke auf der Kaiserstraße zur Untermainstraße und zum Balken, um das Flußgelände für ein Manöver zu rekognoszieren. Der Generalfeldmarschall wohnte damals in der Biebelsmühle (siehe: Dreieichring).

1887 Die alte Geleitsstraße war gestorben. Menschen und Güter rollten auf der Schiene, und von dem gradlinig zum Bahnhof führenden Straßenstück erhoffte man sich belebende Impulse für die Stadt, erst recht, seitdem am anderen Ende der Straße eine Brücke zum preußischen Ufer hin den Fluß überspannte.
Ohne Rücksicht auf den komplizierten Werdegang der Kanalstraße nannte man die ganze Verbindung zwischen Bahn und Brücke nunmehr „Kaiserstraße". Die Darmstädter und Sprendlinger Namen wanderten in andere Bezirke.

1919 nach dem Ende des Kaiserreichs in „Straße der Republik" umbenannt.
1938 am 5. April wieder „Kaiserstraße". Bis heute.

Die Mainbrücke

1855 drängte man auf eine gradlinige Verlängerung zum Main, da mit Vermessungsarbeiten für einen künftigen Brückenübergang bereits begonnen war. Noch zögerte Preußen auf der anderen Seite.
1883 eine Freudenbotschaft vom anderen Mainufer am 3. März: „Das preußische Abgeordnetenhaus hat den Brückenbau in Offenbach an der Kaiserstraße genehmigt."
1887 1. Oktober: Einweihung der Brücke. Am gleichen Tage wurde die Schiffsbrücke am Schloß abgefahren (siehe: Schloßstraße).
1933 Neue Brücke, sogar berechnet für einen künftigen zweigleisigen Straßenbahnverkehr, zu dem es nie gekommen ist.
1934 19. 11. Freigabe der Brücke.
1935 am 16. 7. wird die Bronzeplastik „Mainfischer" an der Brücke aufgestellt (Edgar Unger).
1945 am 25. März, morgens 5.10 Uhr, sprengten zurückgehende deutsche Truppen die Mainbrücke.
1947 notdürftige Herrichtung und Verkehrsübergabe der Brücke (10. 8.).
1953 am 22. 5. wurde die neue Brücke eingeweiht und Carl-Ulrich-Brücke genannt. Carl Ulrich (geb. 1853 Braunschweig, gest. 1933 Offenbach) war hessischer Staatspräsident.

Kantstraße

Neuere Straße, benannt nach dem Königsberger Immanuel Kant (1724–1804), einem der bedeutendsten Philosophen in der europäischen Geschichte. Hauptwerk: Kritik der reinen Vernunft.

Karl-Ferd.-Becker-Weg

Neu angelegt und benannt nach dem Offenbacher Arzt und Sprachforscher Dr. Karl Ferdinand Becker (geb. 1775 zu Liser/Mosel, gest. 1849 zu Offenbach).

Dr. Becker hatte sich 1815 als Arzt in Offenbach niedergelassen, doch fehlte ihm die Liebe zu seinem Beruf, wie er meinte, und er betrachtete es als Scharlantrie, seinen Patienten Vertrauen in eine

Kunst einzuflößen, die er selber als allzu eng begrenzt geringschätzte. Folglich blieb seine Arztpraxis unbedeutend.
Dagegen machte ihn die Beschäftigung mit Sprachen zu einem bedeutenden Sprachwissenschaftler. Er ist der Hauptbegründer der philosophischen Sprachforschung. Seit 1836 bewohnte er das „Haus auf dem Linsenberg".

Karl-Nahrgang-Weg (R)
Benannt nach dem Heimatforscher und Bodendenkmalpfleger für den Stadt- und Landkreis Offenbach Karl Nahrgang (geb. 1899 Frankfurt am Main, gest. 1967 Dreieichenhain). Eine seiner bedeutendsten Veröffentlichungen ist der „Atlas für Siedlungskunde, Verkehr, Verwaltung, Wirtschaft und Kultur; Stadt- und Landkreis Offenbach am Main" (1963).

Karlstraße
1830 angelegt und nach dem letzten Isenburgischen Landesherrn, dem Fürsten Karl Ludwig Moritz (1766–1820; reg. 1803–1816) benannt. Anfangs hieß die Straße das „Schlangengäßchen".

Karolingerstraße (Bg)
Neuere Straße, nach dem Kaisergeschlecht der Karolinger benannt, die Bürgel schon im 9. Jahrhundert in Besitz hatten.

Kasernenstraße
1840, benannt nach der an ihr gelegenen Kaserne, dem heutigen Finanzamt (siehe: Großer Biergrund).

Kékuléstraße (Bg)
Neuere Straße, nach dem Chemiker Friedrich August Kékulé benannt (geb. 1829 in Darmstadt, gest. 1896 in Bonn). Ihm verdankt man die Erkenntnis der ringförmigen Anordnung der Kohlenstoffatome des Benzols (Benzolring).

Kettelerstraße (Bg)
Ältere Straße, früher „Hohenzollernstraße". Zur Erinnerung an die jahrhundertelange Zugehörigkeit Bürgels zum Petersstift in Mainz nach dem Mainzer Erzbischof Wilhelm Emanuel von Ketteler (1811–1877) benannt.

Zwischen dem südlichen Teil der Straße und der Hafenbahn sind im Jahre 1967 bei Erdarbeiten römische Siedlungsreste gefunden worden.

Kirchgasse

Ältere Gasse, nach der im Mittelalter errichteten Schloßkapelle genannt, deren Glocken nicht in der Kapelle selbst, sondern in dem nahe gelegenen Wehrturm der Stadtmauer, dem sog. Glockenturm, untergebracht waren (siehe: Glockengasse).
Vorübergehend hieß die Kirchgasse in den 60er Jahren des letzten Jahrhunderts „Komödiengasse" nach dem dort stehenden Komödienhaus (Theater). Durchbruch zum Schloßplatz 1887.

Schloßkirche

1700 wird die Schloßkapelle abgerissen und durch die größere Schloßkirche ersetzt. Am Turmfundament ist heute noch zu lesen: „Eingeweiht 1703, den 9ten Sept. nach dem 3 Jahre und 3 monath daran gebauet worden."
1713 aus dem Wehrturm der Stadtmauer werden die Glocken geholt und in dem fertiggestellten Turm der neuen Schloßkirche aufgehängt.
1819 Renovierung der Schloßkirche.
1861 teilweiser Umbau.
Im letzten Krieg Vernichtung bis auf den Turmstumpf.

Komödienhaus

1791 errichtet auf Betreiben von Peter Bernard, erst im Besitz von Aktionären, dann des Fürsten Wolfgang Ernst II., später „Schlossers Liegenschaft".
1831 am 20. Januar spielt Niccolo Paganini unter Speyers Leitung im Theaterorchester mit.
1870 Umbau durch Stadtbaumeister Raupp.
1902 1. 10. die Stadt erwirbt die Schlosserschen Liegenschaften, die jetzt den Namen „Offenbacher Theater und Stadtgarten" erhalten.
1907 baupolizeiliche Schließung des Theaters; der Restaurationsbetrieb wird weitergeführt.
1936 auch der Restaurationsbetrieb wird eingestellt, die Gebäude werden abgerissen. Auf dem Gelände wird ein Park angelegt.

Kleewasen (Bi)
erinnert an die Gewann „Kleewasen" = Kleewiese.

Kleine Marktstraße
1708 von Graf Johann Philipp als kleine Judengasse angelegt. Hieß auch einmal „Schäfergasse", weil, wie Emil Pirazzi vermutet, dort der Gemeindeschafstall und das Hirtenhaus gestanden haben sollen.
Später Umbenennung in „Kleine Marktstraße" zum Unterschied zur „Großen Marktstraße".
Alte Offenbacher sind heute entsetzt: ihre kleine Marktstraße ist zu einer Autoeinfahrt in ein Parkhaus zusammengeschrumpft.

Kleiner Biergrund
1708 zusammen mit der Kleinen Marktstraße angelegt und nach der Gewann „biegengrunt" benannt (siehe: Großer Biergrund). Früher auch Wooggasse geheißen, weil sie am Woog, einem herrschaftlichen Fischweiher, entlangführte (siehe: Hainbach).
Der Offenbacher Maler Leopold Bode ist im Kleinen Biergrund geboren, im späteren Haus Ludwig André.

Klingsporstraße
Neuere Straße, deren Name an den Begründer der Schriftgießerei Gebr. Klingspor und den Erneuerer der deutschen Schrift, Dr. h. c. Karl Klingspor, erinnert (geb. 1868 Gießen, gest. 1950 Kronberg/Taunus). Ehrenbürger der Stadt Offenbach am 25. 6. 1948.

Der gebürtige Gießener, zunächst in der väterlichen Zigarrenfabrik als Kaufmann tätig, kam 1862 nach Offenbach und übernahm 1892 zusammen mit seinem Bruder Wilhelm die vom Vater erworbene Rudhardsche Schriftgießerei. Karl verstand es, begabte Schriftgestalter anzuwerben und sie schöpferisch frei arbeiten zu lassen.

In Zusammenarbeit mit dem großen Schriftkünstler Rudolf Koch entstanden bedeutende Bibelausgaben, auch eine neue „Edda". Karls bibliophile Sammlung bildete den Kern des späteren Klingspor-Museums (Herrnstraße), Eröffnung am 7. 11. 1953.

Am 25. Juni 1948 ist Karl Klingspor zum Ehrenbürger der Stadt ernannt worden.

Klopstockstraße (Bi)

Neuere Straße, nach dem Dichter Friedrich Gottlieb Klopstock benannt (geb. 1724 Quedlinburg, gest. 1803 Hamburg). Dramen und religiöse Schauspiele als Erlebnisdichtungen im Sinne der Empfindsamkeit und des „Sturm und Drang". Die Straße hieß früher: Richthofenstraße, Ludwigstraße.

Körnerstraße

1864 geplant, 1879 angelegt und 1885 nach dem Freiheitsdichter Theodor Körner benannt (geb. 1791 Dresden, 1813 gefallen bei Gadebusch/Mecklenburg).
Mit dem Dreieichring, der westlichen Frankfurter Straße, der Tulpenhofstraße und den verbindenden Querstraßen gehört die Körnerstraße zum Offenbacher Westend.

Konrad-Adenauer-Straße (Bi)

Nach dem deutschen Politiker Konrad Adenauer benannt (geb. 1876 Köln, gest. 1967 Bad Honnef).
Der ehemalige Oberbürgermeister von Köln und CDU-Politiker wurde 1949 vom Bundestag zum Bundeskanzler gewählt. Er führte die Bundesrepublik in die NATO und europäische Wirtschaftsgemeinschaft.

Kopernikusstraße (Bg)

Neuere Straße, nach dem Juristen, Arzt und Astronomen Nikolaus Kopernikus benannt (geb. 1473 Thorn, gest. 1543 Frauenburg).
In seinem Weltsystem steht die Sonne im Mittelpunkt.

Krafftstraße

Um die Jahrhundertwende entstanden und benannt nach Philipp Casimir Krafft (1773–1836), dem Mitbegründer der Rauchtabakfabrik Geelvink, Krafft & Co., 1789, die an neunter Stelle der frühen Offenbacher Industriebetriebe steht. In seinen jungen Jahren gehörte Philipp Casimir mit dem Schnupftabakfabrikanten Peter Bernard und Direktor Friedrich Böhm zu den Aktionären, auf deren Initiative das Offenbacher Komödienhaus an der Kirchgasse im Jahre 1791 erbaut worden ist. Dieser unermüdliche Mann wurde auch Offenbachs erster Landtagsabgeordneter, nachdem

1820 die Hessische Verfassung verabschiedet war. Danach wurde Krafft Offenbachs erster Landtagsabgeordneter.

Kreuzstraße (Bg)
Ältere Straße. Der Name geht auf ein ehemaliges Feldkreuz zurück.

Krimmerstraße
In den 30er Jahren des letzten Jahrhunderts angelegt und später nach dem Offenbacher Lehrer Adam Joseph Krimmer (1806 bis 1879) benannt, der das Haus Ecke Domstraße/Krimmergäßchen bewohnte.
Adam Joseph Krimmer wurde am 20. September 1806 im Hause Kleiner Biergrund Nr. 22 geboren. Als Lehrer und Organist wirkte er 50 Jahre in Offenbach. Sein Vater, Rektor Sebastian Krimmer, aus Eiersheim in Baden stammend, hatte im Geburtshaus des Sohnes eine katholische Privatschule eingerichtet und war neben seinem Lehrberuf noch als Küster und Organist in der Schloßkirche tätig. Adam Joseph Krimmer starb am 30. Dezembr 1879. An der Krimmerstraße befand sich Offenbachs erster Turnplatz. Am 1. April 1853 wurde im Eckhaus Domstraße eine Telegrafenanstalt eröffnet, die erst unter bayrischer, dann 1866 unter preußischer Staatsoberhoheit stand. 1884 ist diese Anstalt im damals neuen Postgebäude am Aliceplatz untergebracht worden.

Kurfürstenstraße (Bg)
Ältere Straße. Früher Feldstraße, dann in Erinnerung an die nahezu 100jährige Zugehörigkeit Bürgels zum Kurfürstentum Mainz in ,,Kurfürstenstraße" umbenannt.

Kurhessenplatz (R)
Ebenso wie die Kurhessenstraße soll auch der Name des Kurhessenplatzes an das einst auf dem linken Mainufer gelegene kurhessische Gebiet erinnern, zu dem der Ort Rumpenheim gehörte. Dieses Gebiet mußte 1866 an das Großherzogtum Hessen abgetreten werden. Seitdem gehört Rumpenheim zu Offenbach (siehe: Landgraf-Friedrich-Straße).

Kurhessenstraße (R)
Siehe: Kurhessenplatz.

Kurt-Schumacher-Straße (Bi)
Nach dem deutschen Politiker Kurt Schumacher benannt (geb. 1895 Kulm, gest. 1952 Bonn). Der frühere Redakteur und Jurist war 1945 Mitbegründer der SPD und Oppositionsführer im Bundestag. Sein oberstes politisches Ziel: die Wiedervereinigung Deutschlands.

Kurt-Tucholsky-Straße
Nach dem Journalisten und Schriftsteller Kurt Tucholsky benannt (geb. 1890 Berlin, 1935 in Hindås/ Göteborg, Freitod). In seiner Bemühung um einen pazifistischen Humanismus wendete er sich scharf gegen reaktionäres Spießertum.

Lämmerspieler Weg
Schon um 800 eine alte Fernstraße über Lämmerspiel nach Steinheim.

Lahnstraße (Bi)
Neuere Straße. Vorher: Göringstraße – Erzberger Straße.

Lammertstraße (Bg)
Neuere Straße, nach Bürgels letztem Bürgermeister Kaspar Lammert (1861–1937) benannt.
Einer alten Bürgeler Familie entstammend, rückte der junge tüchtige Kaspar Lammert bereits mit 30 Jahren zum Amts- und Ortsgerichtsvorsteher auf und verstand es, die Verhandlungen über die Eingemeindung nach Offenbach sehr klug und geschickt einzuleiten, so daß dieser schwierige Prozeß 1907 in gegenseitigem Einvernehmen abgeschlossen werden konnte.
Offenbach gewann dabei neuen Grund und Boden, Bürgel erhielt am 20. Oktober 1907 seine Straßenbahn, und die ewigen Fußmärsche zur Arbeit nach Offenbach hatten ihr Ende gefunden. Kaspar Lammert betrieb seit 1920 auch den Bau des Maindammes. „Portefeuillerdamm" nannten böse Zungen das Bollwerk, weil es von arbeitslosen Portefeuillerkolonnen aufgeschüttet und befestigt worden war. Solide Arbeit haben diese Feintäschner geleistet!

Landesgrenze
Siehe: „Am Grenzgraben" und „Grenzstraße".

Landgrafenring

1876 geplant, 1879 angelegt, 1888 benannt nach der Gewann „Landgrabensee" (siehe: Landgrafenstraße) und 1935 als Anlage ausgebaut.

Landgrafenstraße

In den 70er Jahren des letzten Jahrhunderts angelegt und 1876 sinnentstellend benannt nach der Gewann „Landgrabensee", durch dessen Gebiet die Straße hindurchzieht. Das vom Schnegelbach gespeiste Gewässer bestand aus sumpfigen Wiesen.

Landgraf-Friedrich-Straße (R)

Ältere Straße, benannt nach Landgraf Friedrich von Hessen (1747 bis 1837), dem jüngeren Bruder des Kurfürsten Wilhelm I. Wegen ihrer Länge hieß die Straße früher auch Langstraße.
Im Jahre 1768 erwarb Friedrich von Hessen den Rumpenheimer Grundbesitz und baute 1787/88 das Rumpenheimer Schloß um (Flügelbau). 1780 wählte er den Ort als Residenz.
Und tatsächlich blieb Rumpenheim nach dem Willen des Grafen mehr als 100 Jahre für die Nachfahren die Erinnerungsstätte an den Begründer des später weit verzweigten kurhessischen Hauses. Auf Familientagungen, die um 1880 ihr Ende fanden, plauderte man in vielen europäischen Sprachen, vor allem dänisch, englisch, französisch, russisch und griechisch.

Langener Straße (Bi)

Nach der Stadt Langen benannt. Vorher: Straße der SA – Darmstädter Straße – Mauerstraße (weil sie einst an der Dorfmauer entlang zog).
Die Langener Straße ist Teil einer alten Fernstraße, die bereits in der merowingischen Siedlungsperiode entstand, im ausgehenden Mittelalter aber einging und heute nur noch als Waldschneise (Indianerpfad–Lärchenallee–Bestewiesenschneise) bis Sprendlingen erhalten ist.
Nordöstlich von Bieber zieht sie (ebenfalls als Waldweg) nach Lämmerspiel weiter.

Larochestraße (Bg)

Ältere Straße, nach der ersten deutschen Romanschriftstellerin Sophie Laroche benannt (geb. 1731 Kaufbeuren, gest. 1807 Offen-

bach). Wielands Jugendfreundin. Mit ihrem Gatten und ihrem Sohn Franz hat sie auf dem Bürgeler Friedhof ihre letzte Ruhe gefunden. Das Grabmal am Eingang zur katholischen Kirche ist eine Imitation, das Original befindet sich im unteren Laubengang des Offenbacher Schlosses.
Sophies Seelenroman „Die Geschichte des Fräuleins von Sternheim" war der Bestseller des Jahres 1771. Erstmals hatte eine Frau einen deutschen Roman geschrieben! Dieser hochgebildeten und belesenen Frau schenkte alle Welt Hochachtung. Schwiegersohn Peter Anton Brentano hatte ihr 1786 in der Domstraße Nr. 23 ein Haus gekauft, das sie „Grillenhütte" nannte und in dem sie später ihre Enkelkinder, Clemens und Bettina Brentano, aufziehen mußte.

Laskastraße (Bg)
Nach dem Chemiker Dr. August Leopold Laska (1869–1902) benannt.

Lausitzer Straße (Bg)
Neue Straße, benannt nach der Landschaft beiderseits der Görlitzer Neiße und der oberen Spree.

Lauterbornweg
Erinnert an den alten Lauterbornweg, der, aus dem Hinterwald kommend, am Lauterborngraben entlang in Richtung Offenbach führte.
Mittelhochdeutsch: „luter, liuter" = hell, rein, lauter. Also ein klarer, reiner Bach. Es gab auch einen Lauterbornweiher und eine Lauterbornmühle, die aber 1748 wegen Verschuldung einging und auf Abbruch verkauft wurde.

Lehenstraße
Neuere Straße, benannt nach dem Lehen, einem Bezirk des angrenzenden Frankfurter Stadtwaldes. Wie jede neue Karte zeigt, ist die Autobahnein- und -ausfahrt am Taunusring mitten in dieses Frankfurter Eich- und Buchlehen hineingesetzt worden.
Lehen ist ein Gut oder Grundstück, das dem Lehnsmann erblich oder auf Lebenszeit überlassen wurde. Lensmann heißt noch in skandinavischen Ländern der Mann, dem ein Bezirk zur Verwaltung übertragen wird. Wir sagen Bürgermeister.

Lehrstraße (Bg)
Sinnigerweise nach der dort befindlichen Lehranstalt benannt.

Leibnizstraße (Bg)
Neuere Straße zur Erinnerung an den Philosophen und Mathematiker Gottfried Wilhelm Leibniz (geb. 1646 Leipzig, gest. 1716 Hannover), einen der größten Gelehrten der europäischen Geistesgeschichte.

Leopold-Bode-Straße
Neuere Straße, nach dem Offenbacher Maler Leopold Bode (1831 bis 1906) benannt.

Leopold Bode wurde am 11. 3. 1831 im Kleinen Biergrund, Haus André, als ältester Sohn des Malers und Zeichenlehrers Georg Wilhelm Bode geboren. 1836 bezog Vater Georg Wilhelm den zweiten Stock des Offenbacher Schlosses. In dessen Räumen und Umgebung verbrachte Leopold seine Kindheit und Jugend. Leopold Sonnemann, der Gründer der „Frankfurter Zeitung", und der spätere große Offenbacher Geschichtsschreiber Emil Pirazzi waren Leopolds Mitschüler in der Offenbacher Realschule.

1849 Städel in Frankfurt, dann eigenes Atelier im Offenbacher Schloß bis zum Jahre 1883. Als bedeutender Portrait-, Landschafts- und Historienmaler der nazarenischen Richtung erhielt er die Silber- und Goldmedaille für Kunst und Wissenschaft.

1883 siedelte er aus gesundheitlichen Gründen nach Frankfurt-Sachsenhausen über. Sein Sohn: Johannes Bode (1853–1925), auch Maler.

Lessingstraße (Bi)
Neuere Straße, nach dem Dichter, Kritiker und Religionsphilosophen Gotthold Ephraim Lessing benannt (geb. 1729 Kamenz/Oberlausitz, gest. 1881 Braunschweig). Entwickelte die Grundlage des klassischen Dramas (u. a. Emilia Galotti, Nathan der Weise).

Lichtenplattenweg
1885 angelegt und 1895 nach der Gewann „Auf der Lichtenplatte" benannt, einer ehemals gelichteten Stelle im Bieger Markwald.

Liebigstraße

Um 1885 angelegt und nach dem Freiherrn Justus von Liebig, dem Begründer der Agrar-Chemie, benannt (geb. 1803 Darmstadt, gest. 1873 München).
Die bei Erdarbeiten in der Liebigstraße 32 gefundenen bandkeramischen Steinbeile gehören zu den ältesten Bodenfunden der Offenbacher Gemarkung.

Lilienthalstraße (Bi)

Früher: Wilhelmstraße. Otto Lilienthal (1848–1896), Ingenieur und Flugpionier.

Lilistraße

1876 in einem Gebiet angelegt, in dem sich einst Ziegeleien befunden haben.
Benannt nach Lili Schoenemann (1758–1817), die oft in Offenbach weilte, auch im Sommer des Jahres 1775, als ihr Goethe nach Offenbach gefolgt war und sich bei Freund Johann André in der Herrnstraße einquartiert hatte, schräg gegenüber dem Wohnhaus von Lilis Vetter Jean Georg d'Orville (siehe: Herrnstraße).
Die feine „Staatsdame", wie sie Goethes Vater zu nennen pflegte, zeigte sich später recht tapfer, als sie im Jahre 1789, nach Ausbruch des Revolutionskrieges, mit ihren Kindern im Nachen von Straßburg auf rechtsrheinisches Gebiet fliehen mußte – als Bäuerin verkleidet.

Lindenstraße

1883 angelegt. Der Name erinnert an ein ehemaliges Waldstück. Wie hatte sich der Waldbestand seit 1600 verändert, damals standen an der gleichen Stelle Eichen!

Linsenberg

Um 1750 wird die Straße bereits genannt, damals hieß sie aber „Mayn Gaß" (Back-Plan), gelegentlich auch „Kleine Herrngaß", weil sie als (abgeknickte) Fortsetzung der Herrngasse angesehen wurde.
1861 „Auf dem Linsenberg" – eine Bezeichnung, an der heute noch gedeutet wird. Am meisten überzeugt die Herleitung des Namens von Linsen, die am Linsenberg, wie überhaupt

in Offenbach, nachweislich angebaut worden seien. Emil Pirazzi kann sich allerdings eines solchen Linsenanbaues nicht erinnern und spricht von einem „sonderbaren Namen" (1875).
1895 tauften die Stadtverordneten die Straße in „Lindenberg" um und 1905 wieder in „Linsenberg" zurück.
Bemerkenswerte Persönlichkeiten am Linsenberg: Maler *Christian Ludwig Riesbeck* (1812–1850), der in Offenbach so gut wie vergessen ist. Sein Geburtshaus stand auf dem heutigen Kinderspielplatz nahe der Stadtbücherei.
Sprachforscher *Dr. Karl Ferdinand Becker* (1775–1849) bezog im Jahre 1836 das „Haus auf dem Linsenberg".
Auf dem Linsenberg wurden 1784 u. a. gezählt: 3 Fabrikanten, 1 Buchdrucker (Reinheckel) und 1 Arbeiter.

Linzer Straße (Bi)
Neuere Straße, nach der österreichischen Stadt Linz benannt. Vorher: Jahnstraße.

Löwenstraße
Um die Mitte des vergangenen Jahrhunderts angelegt und benannt nach dem Besitzer der Löwenruhe, Freiherrn Siegmund Löw von und zu Steinfurth (gest. 1846).
Die Löwenruhe lag am heutigen August-Bebel-Ring zwischen Löwenstraße und Frankfurter Straße, einst ein stattliches Haus mit löwenbewachter Freitreppe (siehe: August-Bebel-Ring).

Lohweg (R)
Ältere Straße, nach der Gewann „Loh" (= Wald) benannt.

Lortzingstraße
Neuere Straße, benannt nach dem Komponisten Albert Lortzing (geb. 1801 Berlin, gest. 1851 ebd.). Seine berühmtesten Spielopern: Zar und Zimmermann, Der Wildschütz.

Ludo-Mayer-Straße
Die kleine Straße, die auf dem zugeschütteten alten Schloßgraben (früher: Winterhafen) verläuft, ist nach dem Geh. Kommerzienrat und Ehrenbürger (1915) Ludo Mayer benannt, dem Inhaber der

Lederfabrik Mayer & Co. (geb. 1845 Offenbach, gest. 1917 Bad Nauheim).
Die unlängst abgetragene mächtige Zierfront der ehemaligen Fabrikgebäude war ein Werk von Prof. Dr. H. Eberhardt, dem Gründer des Deutschen Ledermuseums. Die im Jugendstil erstellte Bogenmauer zeigte Steinfiguren in Alltagsszenen aus dem Leben der Gerber und Lederzubereiter.
Als aufgeschlossener und fortschrittlich denkender Mann führte Ludo Mayer in Offenbach eine Neuerung aus Amerika ein: die Schnellgerbung mit Chrom an Stelle der bisher üblichen Alaungerberei.
Bitterböse waren damals die Ärmsten Offenbachs, die, mit Karren durch Offenbachs Straßen ziehend, alaunige „Hundeknettel" auflasen und dafür ein paar Pfennige bekamen. Aus war's mit dem Hundegeschäft. Aber bald verdienten sie bei Ludo Mayer mehr als auf der Straße.
Ludo Mayer, der Wohltäter der Armen, war derart beliebt, daß der von ihm 1917 gestiftete und von Prof. Jobst in Darmstadt geschaffene Brunnen im Schloßhof nicht den ursprünglichen Namen Ernst-Ludwig-Brunnen behielt zu Ehren des hessischen Großherzogs, sondern vom Volksmund spontan in Ludo-Mayer-Brunnen umgetauft wurde.

Ludwigstraße

Um 1830 angelegt, als die Stadt begann, das Gelände für die Bebauung dieser Gegend aufzukaufen. Benannt wurde die Straße nach dem ersten hessischen Großherzog Ludwig (1753–1830, reg. 1790–1830). Ludwig I., zunächst auf Seiten Napoleons, hatte sich am 2. November 1813 den Alliierten angeschlossen.
Zusammen mit der „Lindenstraße", der heutigen Bismarckstraße, galt die Ludwigstraße lange Zeit als Offenbachs beliebteste Promenade und war als Teilstück eines um Offenbach geplanten Anlagenrings ausersehen.
Doch diesem grünen Plan stellten sich Hindernisse entgegen, zuerst die Lokalbahn, die 1847 den Spazierweg durchschnitten hatte. Wer zum Main wollte, mußte Fußgängerstege erklettern, die bis zum Abbruch der Bahn im Jahre 1956 noch über die Geleise führten.
Und nicht gerade umweltfreundlich und einladend zeigte sich eine private Gasanstalt, die, nahe der heutigen Goetheschule installiert,

am 2. Februar 1848 für Offenbachs erste Gasbeleuchtung in einigen Straßen den kostbaren Brennstoff lieferte (siehe: Andréstraße).

Lübecker Straße (Bi)
Benannt nach der Hansestadt Lübeck.

Lützowstraße
Um 1900 entstanden und nach dem Freikorpsführer Adolf von Lützow (1782–1834) benannt, der 1795 in die preußische Garde eintrat und sich später dem Schillschen Freikorps anschloß.

Luisenstraße
1829 wurde das Gelände abgesteckt, ein Jahr danach aufgekauft und zur Bebauung freigegeben.
Unweit ihrem Ludwig, dem ersten hessischen Großherzog, hat sich in der Luisenstraße die Gemahlin dem Gemahl namentlich hinzugesellt: Großherzogin Luise von Hessen (1761–1829) – eine Ehrung, die Offenbach der Landesmutter ein Jahr nach ihrem Tode erweisen zu müssen glaubte.

Maingaustraße (Bg)
Neuere Straße. Maingau siehe: „Am Grenzgraben".

Mainkurstraße (R)
Eine der ältesten Straßen Rumpenheims, nach der bei Fechenheim liegenden „Mainkur" genannt. Früher: Schulstraße.

Mainländerstraße
Nach dem Offenbacher Philosophen Mainländer (Johann Philipp Batz) benannt (geb. 1841 Offenbach, 1876 Freitod durch Erhängen im Hause seiner Tante Seib, Waldstraße 13).
Frau Marie Freund, geb. Thönen, erzählt in ihren „Erinnerungen" von Reitlehrer Dietrich und dessen Pferden, die in den Ställen ihres Hauses untergebracht waren, darunter auch das des Philosophen Mainländer.
„Zu Dietrichs Reitschülern zählte der unter dem Pseudonym „Mainländer" bekannte Philipp Batz, ein Verehrer Schopenhauers, den er aber noch an Pessimismus überbot – weshalb er

wohl seinem Leben ein Ende gemacht hat. Seinen Schwestern Justchen und Minna Batz gehörte das in der Waldstraße gelegene Mädcheninstitut; auch sie schieden freiwillig aus dem Leben. Mainländers Pferd war in einem unsrer vielen Ställe untergebracht, so daß wir Kinder jeden Morgen den sehr schönen Mann beim Ausreiten bewundern konnten". Denkmal an der Parkstraße.

Mainstraße
Seit 1893, dem Jahr der Fertigstellung der Mainuferbauten, als durchgehende Uferstraße hinter dem Hochwasserdamm ausgebaut. Ursprünglich zwei Straßenabschnitte: die „Untermainstraße" 1828 von der heutigen Brücke bis zur Speyerstraße (dort am Main eröffnete Johannes Groß 1781 Offenbachs erste Badeanstalt) und die „Obermainstraße" von der Karlstraße bis zum jetzigen Bahnübergang Naphthol-Chemie. Dazwischen lag der „Mainkai" und ein unbegehbarer Uferstreifen mit Maingärten. Ehemals berühmtes Restaurant: „Nordpol".

Hochwasserdamm
Nach dem letzten großen Hochwasser im Jahre 1882, bei dem der Marktplatz und die Frankfurter Straße überschwemmt waren, hatte man beschlossen, das Mainufer vorzuverlegen und einen Hochwasserdamm zu bauen. Dies geschah von 1890 bis 1893. Der Damm nahm den Parterrebewohnern die Aussicht auf den Main, entschädigte aber durch einen schönen Promenadenweg auf der Dammkrone.
Nach den verheerenden Überschwemmungen im Februar 1908 und im Januar 1920, als Bürgel jedesmal unter Wasser stand, wurde mit der Verlängerung des Hochwasserdammes nach Bürgel begonnen. Mit Hilfe arbeitsloser Portefeuiller war dies Werk verhältnismäßig rasch vollbracht. Seitdem heißt der Damm im Volksmund der „Portefeller-Damm" (siehe: Lammertstraße).

Mainzer Ring (Bg)
Neuere Anlage. Der Name soll an die früheren Bindungen Bürgels zum Kurfürstentum Mainz erinnern.

Manchotstraße
Neuere Straße, benannt nach dem Offenbacher Architekten Prof. Wilhelm Manchot (geb. 1844 Nidda, gest. 1912 Dornholzhausen),

dem Sohne des evangelischen Geistlichen Dekan Daniel Manchot. Wilhelm Manchot baute in den Jahren von 1899–1902 für Freiherrn Adolf von Büsing, einen Nachfahren der d'Orvilles, das alte Herrenhaus um. Seitdem heißt dieses Herrenhaus „Büsing-Palais". Von 1921–1943 war es Rathaus der Stadt, am 20. 12. 1943 versank es im Bombenhagel des letzten Krieges.

Marienstraße

1945 nach einer Maria getauft, die es ebensowenig gab und gibt wie auch die Anna der Annastraße.
1873 wurde die Straße als „Feldstraße" eröffnet. An ihr stand das alte Schießhaus, heute Bahngelände.
1876 große Straßentaufe, voran die Preußen nach dem gewonnenen Krieg 1870/71! Generalfeldmarschall von Moltke (1800 bis 1891) zog in die Feldstraße ein: Moltkestraße. Obwohl Moltke am 3. und 4. Oktober 1877 die Stadt mit einem persönlichen Besuch beehrt hatte, konnte er als Preuße nicht überleben. Er mußte einer Maria weichen.
1888 gab es eine Trimm-Dich-Bahn des ersten Offenbacher Radklubs, des „Bicycle-Clubs", eine richtige Rennbahn auf dem Gelände des jetzigen Häuserblocks Marien-, Schäfer-, Hermann- und Hohestraße. Recht sportlich vor 90 Jahren!

Marktplatz

1702 von Graf Johann Philipp vor den Mauern Alt-Offenbachs angelegt (Stadterweiterung). Bis 1903 Offenbachs Wochenmarkt.
1702 war die Stadterweiterung durch den Zustrom von Hugenotten notwendig geworden. Die Einwohner spalteten sich in eine Alt- und Neugemeinde mit je eigener Verwaltung und dem Isenburger Oberamt als höchster Instanz.
seit 1703 wöchentlich zwei Markttage, gelegentlich auch Viehmarkt (siehe: „Aliceplatz"). An den Markttagen durften „von dem benachbarten Landmann alle in die Küche gehörige Victualien verkaufft werden, der starken Zufuhr auf dem Mayn an Holtz, Früchten und dergleichen vorjetzo zu geschweigen. Die Becker, Fleischhauer und alle übrige Zünffte haben die Erlaubniß nicht, ihren Waaren willkürliche Preise zu setzen, sondern diese werden ihnen von der Obrigkeit vorgeschrieben" (Kurtze Nachricht von Offenbach am Mayn 1750).

Um den Frankfurter Markt auszuschalten, durften die Bauern ihre Produkte nur in Offenbach und nicht in Frankfurt verkaufen.

1718 am 11. Mai eröffnete Apotheker Joh. M. Gaudelius die Schwanenapotheke, die später sehr bekannt werden sollte: 1802 kam der Schriftsteller Joh. Gottfried Seume zu Besuch und am 17. Oktober 1814 Goethe, der sich für die ausgestopften Vögel des Hofrats Dr. Meyer interessierte, vor allem aber für dessen 1810 herausgegebenes „Taschenbuch der deutschen Vögelkunde". Zur Apotheke gehörte auch ein Apothekergarten.

1732 standen am Markt 14 Häuser, darunter 4 Freihäuser.

1784 zählte man in den Häusern Nr. 81 bis 92 (andere Numerierung als heute): 5 Arbeiter, 3 Metzger, 2 Handwerker, je einen Apotheker, Landwirt, Gastwirt, Polizeiknecht. Außerdem 50 Kinder und 52 sonstige Personen (Witwen, Privatiers u. a.). Insgesamt: 116. Einwohnerzahl 4482.

1818 das Galgen(Ziegel-)tor wird niedergelegt.

1885 die „Zwiwwel" wird aufgestellt, ein Uhrtürmchen, gespendet vom Reingewinn einer Veranstaltung des Schützenvereins.

1903 der Marktplatz ist zu klein geworden, und man erklärt den Wilhelmsplatz, auf dem 1868 erstmals Viehmarkt gehalten wurde, zum Neuen Markt (siehe: Wilhelmsplatz).

1927 die „Zwiwwel", inzwischen zum Verkehrshindernis geworden, wird abmontiert und am Hafen aufgestellt.

Drei Steinplastiken, die einst das Eckhaus an der Frankfurter Straße zierten, befinden sich jetzt in einem Anlagenteil am Rathaus (Stadthof): Engelbert Seelmann, Marktmeister Klement und Polizeimeister Amberg.

Ehemals berühmte Gastwirtschaften am Markt: „Goldener Engel", „Zum Lämmchen".

Rathaus

1614 soll in der Schloßstraße ein Rathaus gestanden haben.

1725 9. August Grundsteinlegung zu einem Rathaus, genannt „Mehlwaag".
„Ward hier der erste Stein zur Mehlwag eingelegt,
hiernächst Graf Wolfgang Ernst zur milden Gnad bewegt,
daß die Gemeinde darf ein Rathaus drüber bauen.

Gott gebe Glück dazu,
so kann man hier in Fried und Ruh
mit Rat und Tat auf das gemeine Beste schauen.
Oberschultheiß: Joh. Kaspar Schneider
Gerichtsschöff: Joh. Merte, Konrad Huld,
J. G. Häfner, Lammersdorf
Neidhard, Vorsteher."
Nach der Fertigstellung des Rathauses befand sich im Erdgeschoß die Isenburger Mehlwaage, im Oberstock das Amt des Oberschultheißen, dem die Polizei und mit Hilfe von sieben Schöffen die niedere Gerichtsbarkeit unterstand – allerdings nur für die Altgemeinde. Die Neugemeinde hatte ihren Amtmann.
An der Vorderseite des Rathauses für jedermann gut sichtbar eingemauert: der Eichbaum mit dem Offenbacher Gerichtssiegel (erstmals 1639).

1829 erwarb die Stadt von dem Fürsten den unteren Teil des Hauses, besaß jetzt also ihr eigenes Rathaus.
1859 Abbruch des Rathauses, nachdem ein Jahr zuvor die Behörde in das Gebäude der ehemaligen Isenburgischen Hofhaltung am Aliceplatz umgezogen war, in das Stadthaus.
1921 12. 8. Ankauf des Büsingpalais, um es für ein Rathaus einzurichten.
1921–1943 Rathaus im Büsingpalais bis zu dessen Bombardierung am 20. Dezember.
bis 1971 dient das alte Hospital (siehe: Hospitalstraße) als Rathaus der Stadt.
1968 13. 7., 10.30 Uhr, Spatenstich zum neuen Rathausturm. 27. 9., 16.00 Uhr, Grundsteinlegung.
1971 10./11. 7. Einweihung des neuen Rathauses an der Berliner Straße.

Markwaldstraße (Bi)
Neue Straße, benannt nach der im Mühlheimer Wald liegenden Mark = Grenzland.

Marstallstraße (R)
Ältere Straße, nach den beiderseits befindlichen Marstallgebäuden des Rumpenheimer Schlosses benannt. Früher: Schloßstraße.

Masurenweg
Neuere Straße, benannt nach der wald- und seenreichen Landschaft im ehem. (südl.) Ostpreußen.

Matthias-Erzberger-Straße (Bi)
Benannt nach dem Volksschullehrer und Reichstagsabgeordneten Matthias Erzberger (geb. 1875 Buttenhausen/Württemberg, ermordet 1921 in Kniebis/Baden). Im 1. Weltkrieg mit SPD und Fortschrittspartei für einen Verständigungsfrieden. Als Staatssekretär unterzeichnete er am 11. 11. 1918 im Auftrag der Regierung den Waffenstillstand in Compiègne.

Mathildenplatz
1862 angelegt und zur Erinnerung an die Großherzogin Mathilde von Hessen (1813–1862) benannt, der Gemahlin des Großherzogs Ludwig III. und der Tochter des Bayernkönigs Ludwig I.
1879 werden um den Platz Häuser erstellt, unter ihnen auch die Kunstgewerbeschule, spätere Stadtkasse.
Seit 1884 Endstation der elektrischen Straßenbahn zwischen Offenbach und Frankfurt, im Volksmund „Knochenmühle" genannt, der ersten elektrischen Straßenbahn in Deutschland.
1906 wird die Endstation der Bahn, nunmehr auf Breitspur, zum Alten Friedhof verlegt. Dort baut man auch das Depot (siehe: „Frankfurter Straße").

Mathildenstraße
1876 nach der Großherzogin Mathilde von Hessen (1813–1862) benannt (siehe: „Mathildenplatz"). Früher: Steinheimer Straße. Ein altes Stück Geleitsstraße – diese Mathildenstraße! Erst Mitte des 19. Jahrhunderts als Stadtstraße angelegt (siehe: „Geleitsstraße").

Mauerfeldstraße (Bi)
1819 urkundlich erwähnt, liegt in der Gewann „Mauerfeld", d. h. am Feld der früheren Ortsmauer.

Max-Reger-Straße
Neuere Straße, benannt nach dem Komponisten Max Reger (geb. 1873 Brand/Fichtelgebirge, gest. 1916 Leipzig). Orgel-, Orchester-, Kammermusik und Chorwerke in polyphoner Schreibweise.

Maybachstraße (Bg)
Benannt nach dem Ingenieur Wilhelm Maybach (geb. 1846 Heilbronn, gest. 1929 Cannstadt). Motor- und Autokonstrukteur, der im Jahre 1909 zusammen mit Graf Zeppelin die Maybach-Motorenbau GmbH in Friedrichshafen gegründet hatte.

Mecklenburger Straße (Bg)
Neuere Straße, benannt nach dem Mecklenburger Land, heute aufgeteilt in die Bezirke Neubrandenburg, Rostock und Schwerin.

Memeler Straße (Bg)
Neuere Straße, benannt nach der litauischen Hafenstadt an der Ostsee.

Merianstraße
Neuere Straße, benannt nach dem Kupferstecher Matthäus Merian (geb. 1593 Basel, gest. 1650 Schwalbach). Berühmt sind seine Sammelwerke wie ,,Theatrum Europeum", ,,Gottfrieds Weltchronik" und die Merianbibel. Merian hat von Offenbach eine Stadtansicht geschaffen, die in der Qualität weit hinter anderen Arbeiten zurücksteht, vor allem dem hervorragenden ,,Plan Frankfurts aus der Vogelschau".
Schwiegersöhne und Söhne, besonders Matthias Merian der Jüngere, waren nicht weniger berühmte Künstler. Auch Tochter Maria Sibylla, 1647 in Frankfurt geboren, malte: Blumen und Insekten.

Merowingerstraße (Bg)
Neuere Straße, benannt nach den Merowingern, einem machtbesessenen Fürstengeschlecht der salischen Franken (etwa von 400 bis 700 n. Chr.). An deren Mordwütigkeit, die selbst dann ausbrach, wenn Söhne im Wege standen, wollten die Offenbacher Straßentäufer wohl kaum erinnern, sondern gewiß nur aufmerksam machen, daß das von Chlodwig I. gegründete Frankenreich auch bei uns am Main große Reichsgüter besessen und die territoriale Weiterentwicklung beeinflußt hat.

Mittelseestraße

Mitte des 19. Jahrhunderts geplant, zwischen 1860 und 1864 angelegt und nach der Gewann „Im Mittelsee" benannt, einem Gebiet, das größtenteils aus nassen Wiesen bestand und nach starken Regenfällen einen See bildete.
1868 waren die Straßenseiten parzelliert und teilweise bebaut – in dem damals üblichen Baustil des Imitierens vergangener Stilelemente von der Gotik bis zur Klassik. Im ursprünglichen Zustand erhalten. Im Jubiläumsjahr stellte das Deutsche Ledermuseum am Beispiel dieser Straße die Baugeschichte und Wohnkultur des 19. Jahrhunderts betont heraus.

Mödlingstraße

Neuere Straße, benannt nach der Stadt Mödling südlich von Wien.

Mozartweg

Man fragt sich, was Straßentäufer bei ihrer Amtshandlung bisweilen denken. Mozart, von allen Komponisten und Musikern mit Offenbach wohl am engsten verbunden, tauchte 1885 in Offenbach auf (später Johannes-Morhart-Straße), danach in Bieber, mußte aber der Hamburger Straße weichen und wurde nun, an die Sprendlinger Landstraße verfrachtet, zu einer Gleisverbindung degradiert, zu einem Weg zwischen Robert Schumann und Richard Wagner. Apart, auch musikalisch.

Es sei ihm wenigstens in diesem Straßenbüchlein ein würdigeres Denkmal gesetzt:

1. *Wolfgang Amadeus Mozart* (geb. 1756 Salzburg, gest. 1791 Wien), gilt nicht nur als Freund des Hauses André, auch seine Handschriften befanden sich in der Offenbacher Domstraße. Im Jahre 1799 hatte der Verleger Anton André in Wien den gesamten handschriftlichen Nachlaß von Mozarts Witwe Constanze käuflich erworben. Seitdem sind Mozartsche Werke im epochemachenden Senefelderschen Steindruckverfahren (Lithographie) von Offenbach aus in alle Welt gegangen.
Dabei nahm der Verleger Anton André die Gelegenheit wahr, als mitspielender Bratscher in der Virtuosenkapelle des Nachbarn Peter Bernard seine druckfrischen Erzeugnisse an Ort und Stelle auf Fehler und Lesbarkeit zu überprüfen. Ein Vorgang, der in der Musikgeschichte einmalig sein dürfte.

2. Anton André ordnete die Mozartschen Handschriften und stellte ein „thematisches Verzeichnis" auf, das Ritter von Köchel später von dem Offenbacher Verlag erbat und seinem eigenen Verzeichnis zugrundelegte. Die Vorarbeiten zum weltberühmten „Köchel" sind also auf Offenbacher Boden entstanden.
3. Bis zum Jahre 1805 wurden von dem Verlag Joh. André 231 Werke von Mozart gedruckt (von Beethoven 39, von Haydn 116).
4. Das oft zitierte „Mozarttänzchen" ist nur mündlich überliefert. Dagegen ist der zweimalige Aufenthalt von Mozarts Sohn, des Pianisten Franz Xaver Wolfgang, für das Jahr 1820 nachgewiesen. Wolfgang besuchte damals den Verleger Anton André in der Domstraße.

Im sog. Musikantenviertel müßte Mozart Mittelpunkt und von allen anderen Musikern umschart werden!

Mühlheimer Straße

Im letzten Drittel des vergangenen Jahrhunderts in ihrem westlichen Teil entstanden. Heute ausgebaute breite Verkehrsstraße von Offenbach nach Mühlheim.
Die Mühlheimer Straße ist nicht die alte Geleitsstraße. Diese verlief nördlich (siehe: „An der Roten Warte").

Münzenbergerstraße (Bg)

Neuere Straße, benannt nach den Herren von Hagen-Münzenberg, den ehemaligen Herren von Offenbach (Wildbannvögte).

Nahestraße (Bi)

Nach dem Nebenfluß des Rheins benannt. Vorher: Weserstraße.

Neue Schneise

Die südliche kerzengerade Begrenzung der Siedlung Tempelsee.

Neugasse (R)

Älteste Straße Rumpenheims. Ihre Benennung wurde zur Zeit ihrer Fertigstellung gewählt.

Neusalzer Straße

Am 7. 7. 1956 nach der alten deutschen Stadt Neusalz an der Oder benannt, deren Partnerschaft Offenbach übernommen hat. Frühere Bezeichnung: Brunnenkammerweg.

Neusalz: ehemaliges Schifferdorf an der Oder, im 16. Jahrhundert Aufschwung durch Gründung von Salzsiedereien, die den ganzen schlesisch-böhmischen Raum belieferten.

Niedergasse (Bg)

Eine der ältesten Straßen Bürgels. Ihr Name sagt, daß sie zum Main bzw. in das „Unterdorf" niederführt. In der Nähe tagte das Gericht unter freiem Himmel.

Nordring

1855 „Biegenweg" genannt, 1885 nach seiner Lage im Norden der Stadt am Offenbacher Hafen: Nordring.

„Biegen" bedeutet hier so viel wie Krümmung, also Flußkrümmung, in der das Gewann südlich des ganzen Mainbogens liegt (siehe: „Hafen").

Oberfeldstraße (Bg)

Ältere Straße nach der Gewann „Im Oberfeld" benannt.

Oberhofstraße (Bi)

Gehörte innerhalb des Mauerringes zu den ältesten Straßen Biebers. Frühere Bezeichnungen: Vordergasse, Waldstraße.

Obermühlstraße (Bi)

Ältere Straße, nach der früheren Obermühle benannt. 1576 lagen drei Mühlen an der Bieberbach:

1. „ober dem Dorf" die Obermühle, die dem Kloster Patershausen 9 Malter Korn zu liefern hatte,

2. „im Dorf" die Mittelmühle mit Abgabe von 3 Maltern Korn an den Pfarrer,

3. „unter dem Dorf" die Käsmühl (Keeßmühl) mit drei Maltern Korn für die Kellerei Steinheim.

Odenwaldring

Teilstrecke eines bereits um 1885 geplanten Ringgürtels um die Stadt. Um die Jahrhundertwende angelegt und 1962 zur modernen Umgehungsstraße ausgebaut.

Offenbacher Straße (Bg)

Ältere Straße, nach Offenbach führend.

Oppelner Straße

Neuere Straße, benannt nach der ehemaligen Hauptstadt von Oberschlesien.

Ostendplatz (Bi)

Alter Marktplatz. 1896/98 mit dem Abraum der neu angelegten Rodgaubahn aufgefüllt und eingeebnet. Zwischenbenennungen: Herbert-Norkus-Platz, Horst-Wessel-Platz.

Ostpreußenstraße

Neuere Straße, benannt nach der ehemaligen Provinz Ostpreußen.

Ottersfuhrstraße (Bi)

Erinnert an die Gewann westlich der Käsmühle.
Fuhr = mhd. vuore, also Futterstelle, Weide. Nicht am Bieberbach gelegen, deshalb ist mit „Otter" wohl kaum „Bieber" gemeint, auch nicht Schlange. Der Name „Otter" ist bis jetzt nicht zu deuten.

Otto-Scheugenpflug-Straße (Bi)

Otto Scheugenpflug (1911–1967), Gewerkschaftsführer.

Parkstraße

1864 Weg an der Biebelsmühle, 1885 bebaut, 1888 teilweise „Anlage" genannt und im Jahre 1895 erstmals nach dem bereits 1879 angelegten Park des Dreieichringes benannt.

Paul-Löbe-Straße (Bi)

Benannt nach dem deutschen Politiker Paul Löbe (geb. 1875 Liegnitz, gest. 1967). Der SPD-Politiker war von 1925–1932 Reichstagspräsident, zuletzt Alterspräsident des deutschen Bundestages.

Pfaffenweg (R)

Neuere Straße, benannt nach der Gewann „Am Pfaffenpfad", einem Weg, den die Geistlichen bei ihren Dienstgängen zu nehmen pflegten.
Pfaffenäcker = Besitzungen des Petersstifts zu Mainz, die ihren Zehnten an die katholische Kirche in Bürgel entrichteten; sie lagen in der ganzen Gemarkung verteilt.

Pfarrgasse (Bi)

Alte Straße, benannt nach dem Bieberer Pfarrhaus. Früher: Kirchgasse, Kreuzgasse.

Philipp-Reis-Straße (Bi)

Neuere Straße, benannt nach dem Erfinder des Fernsprechers Johann Philipp Reis, Physiker (geb. 1834 Gelnhausen, gest. 1874 Friedrichsdorf bei Bad Homburg). Vorher: Bahnhofstraße.

Pirazzistraße

1876 geplant, 1885 „Uhlandstraße" und 1910 umbenannt nach dem Offenbacher Fabrikanten und Heimatforscher Emil Pirazzi (1832–1898), einem der bedeutendsten Männer Offenbachs im 19. Jahrhundert.
Als Festgabe zur Hessischen Landesgewerbeausstellung gab er 1879 sein Geschichtsbuch im Selbstverlag heraus: Bilder und Geschichten aus Offenbachs Vergangenheit.
Als erster beschreibt er das Offenbacher Schloß und legt den Bericht mit Foto den Professoren Wilhelm Lübke in Zürich und Jakob Burckhardt in Basel zur Begutachtung vor (siehe: Schloß).
Die Nachfahren betreiben heute in der Senefelderstraße 80 immer noch die alte Saiten- und neuerdings eine moderne Catgut-Fabrik.

Pommernstraße

Neuere Straße, benannt nach dem Gebiet in der ehem. preußischen Provinz beiderseis der Oder.

Poststraße (Bi)

Ältere Straße, früher: Eisenbahnstraße, nachdem im Oktober 1896 die Rodgaubahn eröffnet war, 1898 die Abzweigung nach Dietzenbach.

Prinz-Georg-Straße (R)
Ältere Straße, benannt nach dem Prinzen Georg (1793–1881) aus dem landgräflichen Hause Hessen. Früher: Gartenstraße.

Puteauxpromenade
Puteaux: Offenbachs Partnerstadt. Im Jahre 1956 wurde Offenbach zusammen mit der französischen Partnerstadt Puteaux unter 70 Bewerbern ausgewählt und vom Hauptquartier der europäischen Einigung in Straßburg mit dem Europapreis ausgezeichnet.
Offenbachs schönste und größte Grünanlage mit geschickt versetzten Wohnriesen und kleinen Wohnhäusern inmitten internationaler Botanik: Mammutbäume, Säulenulmen, Manna-Eschen, mandschurische Ahornbäume, Sommerlinden, Trompetenbäume, Nordmannstannen, Lärchen, Schwarzkiefern, portugiesische Lorbeerkirschen, Tamarisken und Judasbäume. An der Kreuzung ,,Heinestraße" der Rosenwinkel, in dem es zur Rosenzeit blüht und duftet.

Radfeldstraße
1876 angelegt und benannt nach der Gewann ,,Das Radfeld", einem einst gerodeten Feld, das nach Auflösung der Bieger Mark im Jahre 1819 (siehe: Grenzstraße) als Hege der Stadt Offenbach zugeteilt worden war.

Rathausgasse (Bi)
Alte Straße, benannt nach dem Bieberer Rathaus. Früher: Grabengasse. Hinter dem Rathaus zog sich die Dorfmauer hin, die bis 1864 bestand und heute nur noch zwischen Rathausgasse und Brückenstraße, auch an der Langener Straße, vereinzelt zu sehen ist.
Nach der Gemeindeordnung vom 7. 7. 1821 setzte sich der Ortsvorstand aus einem Bürgermeister, Beigeordneten und dem aus mindestens neun Bürgern gebildeten Gemeinderat zusammen.
Erster Bürgermeister: Jakob Zilch. Der bisherige Dorfschultheiß Martin Suckfill trat in den Ruhestand.
Noch 1870 erledigte der Bürgermeister seine Amtsgeschäfte in seiner Wohnung. Der Versammlungsraum war im Obergeschoß, der Knabenschule eingerichtet. Wie es heißt, sollen Ortsange-

legenheiten auch unter einem Kastanienbaum in der Kreuzgasse besprochen worden sein.
1899 endlich ein fester Amtssitz für die Gemeindeverwaltung im umgebauten Schulhaus gegenüber der Kirche bis zur Eingemeindung am 1. 4. 1938.
Das Bieberer Rathaus wurde am 27. 8. 1938 niedergelegt.

Rathenaustraße

Ursprünglich nördlicher Teil der Sprendlinger Chaussee, einer alten Landstraße, die von 1818 bis 1820 befestigt worden ist (siehe: Sprendlinger Landstraße).
Nach dem Bau der Bebraer Bahn im Jahre 1873 hieß das abgeschnittene Stück weiterhin ,,Sprendlinger Landstraße". Nach 1945 ist es umbenannt worden nach dem deutschen Politiker der Weimarer Republik, Reichsminister Walter Rathenau (geb. 1867 Berlin, ermordet 1922 ebd.). Als Reichsaußenminister schloß er 1922 den Rapallo-Vertrag mit Sowjetrußland.
In der Straße entstanden 1870/71 die ersten Wohnhäuser, darunter die noch erhaltene, aber umgestaltete Villa des damaligen Seifenfabrikanten Böhm.
An der Ecke Luisenstraße stand das Haus der Freimaurerloge Carl und Charlotte zur Treue, einst ein dekorativer Jugendstilbau mit Spiegelsaal, auch mit Theaterraum für den Laienclub ELMAR.

Rheinstraße

Neuere Straße – wie alle ,,Wasserstraßen" in der Stadtrandsiedlung Tempelsee. Bei Ausschachtungsarbeiten der Häuser 40 und 46 fand man römische Grabbeigaben (Tongefäße) aus dem 2. und 3. Jahrhundert.

Richard-Wagner-Straße

Neuere Straße, zum ,,Musikantenviertel" gehörig. Beziehungen Richard Wagners (geb. 1813 Leipzig, gest. 1883 Venedig) zur Stadt Offenbach sind nicht nachgewiesen. Wagner ist der bedeutendste Musikdramatiker des 19. Jahrhunderts (Gesamtkunstwerk).
Zwei Offenbacher Wagnersänger Ende des letzten Jahrhunderts: Johanna Neumeyer und Franz Völker, der die Offenbacher Realschule besucht hatte.

Riethgasse (Bg)
Ältere Straße, benannt nach dem Zimmermeister Georg Peter Rieth (1807–1891).

Robert-Koch-Straße
1895 angelegt, benannt nach dem Begründer der Bakteriologie, Dr. Robert Koch (geb. 1843 Clausthal/Harz, gest. 1910 Baden-Baden). Vorher hieß die Straße: Roonstraße.

Rödernstraße
Letztes Jahrhundert, benannt nach der Gewann „In den Rödern" (= Rodungen).
Der Rödergraben zog etwa von der Ellenbogengasse in Richtung Willemer-/Kantstraße nach Westen. Das Wasser erhielt er aus der Kalten Klinge, einem Waldgebiet südlich der Rosenhöhe (siehe: „Schäferstraße").

Rohrmühlstraße (Bg)
Neuere Straße, benannt nach der bei Bürgel liegenden Rohrmühle, die ihren Namen von der Rumpenheimer Gewann „Das Rohr" erhalten hat, einem zu Zeiten der Bieberer Mark von den Gemeinden Bürgel, Offenbach und Rumpenheim bebauten Gemüseland. Bei der Teilung der Bieberer Mark ebenfalls aufgeteilt und Rumpenheim zugesprochen.

Rohrstraße (R)
Neuere Straße, nach dem Gewann „Das Rohr" benannt. Ursprünglich: Krautgarten der Bieberer Mark (siehe: Rohrmühlstraße).

Rondellweg (Bg)
Neuere Straße, benannt nach einem Waldstück mit ehemaligem Aussichtsturm „Rondell".

Roseggerstraße (Bi)
Vorher „Körnerstraße", jetzt benannt nach dem Schriftsteller Peter Rosegger (geb. 1843 Alpl/Obersteiermark, gest. 1918 Krieglach/ebd.). Schilderte die Landschaft und Menschen seiner Heimat.

Rosenaustraße
1887 entstanden. Der Name ist neu und nicht auf eine Gewann bezogen. Willkürliche Benennung.

Rostocker Straße (Bi)
Benannt nach dem heute aus dem nördlichen Mecklenburg und Vorpommern gebildeten Bezirk mit der Hauptstadt Rostock.

Rubensstraße (Bi)
Neuere Straße, benannt nach dem flämischen Maler Peter Paul Rubens (geb. 1577 Siegen/Westfalen, gest. 1640 Antwerpen).

Rügener Straße (Bg)
Neuere Straße, benannt nach der Ostseeinsel vor der mecklenburg-pommerschen Küste.

Saligstraße
Ende des letzten Jahrhunderts angelegt und nach der Gewann „Das Salig" benannt.
Salaha (ahd.) = Salweide. Das Salig waren weidenbestandene Wiesen.

Salzburger Straße (Bi)
Benannt nach dem österr. Bundesland mit der Hauptstadt Salzburg, der Geburtsstadt Mozarts.

Salzgäßchen
Nach dem Abbruch der Stadtmauer in der zweiten Hälfte des 18. Jahrhunderts entstanden als kürzeste Verbindung vom Kleinen Biergrund zum Friedhof und (nach dessen Einebnung 1866) zum Neuen Markt. Der Name geht auf Salzlager zurück, die den Markt, aber vor allem Gerbereien belieferten.

Samlandweg

Neuere Straße, benannt nach der Halbinsel im ehem. Ostpreußen zwischen dem Frischen Haff und der Kurischen Nehrung.

Sandgasse

Was der Krieg nicht zerstörte, hat die City geschluckt. Die Sandgasse gibt es nicht mehr, und was im Norden noch verblieb, ist nicht mehr die alte Sandgasse mit Hofreiten und kleinen Fachwerkhäusern.
Die zweitälteste Gasse Offenbachs, urkundlich vor der Schloßstraße (-gasse) erwähnt. 1405 „Sant gassen" genannt. Im Bogen verlief sie von der Schloßgrabengasse nach Süden und mündete gegenüber der Glockengasse in die Schloßstraße ein (siehe: Back-Plan). Von 1598 bis 1691 stand in der Sandgasse ein Schulhaus (Volksschule).
Vorbei die alte Gemütlichkeit, ersetzt durch Busbahnhof und luftige Fußgängerbrücken!
Verschwunden die kleinen Häuschen mit den Ziegeldächern!
Ausgelöscht Alt-Offenbachs Gasthausleben und die klingenden Namen: „Grüner Baum", „Zum goldenen Apfel", „Zum Pfandhaus" und „Goldener Stern". Der Stern-Wirt mußte einst an Steuer entrichten: ein halbes Huhn für den Fürsten und an die Stadt 2 Gulden 2 Kreuzer und vier Maß Hafer!
1784 zählte man in den Häusern Nr. 93 bis 145 (andere Numerierung als heute): 25 Handwerker, 19 Arbeiter, 7 Tagelöhner, 2 Bäcker, je 1 Künstler, Skribent, Rat. Außerdem: 232 Kinder und 101 sonstige Personen (Witwen, Privatiers u. a.). Insgesamt: 389. Einwohnerzahl 4482.
Sandgasse Nr. 26 befindet sich das *Stadtarchiv*.

Schäferstraße

1864 bereits geplant als Verlängerung der Kanal-/Darmstädter Straße (heute Kaiserstraße) nach Süden, 1876 siedeln sich erste Häuser an, 1888 „Arndtstraße" und 1895 umbenannt nach dem Offenbacher Bürgermeister Friedrich August Schäfer (1810 bis 1889), dem Sohn eines Wachstuchfabrikanten. Amtszeit von 1849 bis 1859.
An der Kreuzung mit der Hermannstraße stand bis zum Jahre 1827 ein Galgen: drei Sandsteinsäulen mit Verbindungsbalken. Letzte Hinrichtung im Jahre 1812.

In Richtung Schäferstraße zog einst die „Breitebachtrift", einer der Wasserarme, der von der „Lache" kam (Beethovenschule) und durch das „Seewasser" (Mittelseestraße) zum Main abfloß. Der andere von der „Lache" abzweigende Wasserarm zog zum „Rödergraben" (siehe: Rödernstraße) und von hier nach Westen zur Grenze (Am Grenzgraben). Die „Lache" selbst erhielt ihr Wasser aus der sog. Kalten Klinge, einem Waldstück südlich der Rosenhöhe (Klinge = rauschendes Wasser; kalt = unergiebiger Boden).

Scharfensteiner Straße (R)

Ältere Straße. Nach dem Aussterben der Familie von Rumpenheim fiel der Ort um 1530 als Lehen an Wilhelm von Scharfenstein. Früher: Friedrichstraße.

Scheffelplatz, Scheffelstraße (Bg)

Benannt nach dem deutschen Lyriker und Erzähler Joseph Viktor von Scheffel (geb. 1826 Karlsruhe, gest. 1886 ebd.), dem Verfasser des Romans „Ekkehard", der Novelle „Der Trompeter von Säckingen" u. a.

Schifferstraße (Bg)

Eine der ältesten Straßen Bürgels, früher „Borngasse" (Gemeindebrunnen), dann nach der Schiffsladestelle am Main benannt.

Schillerplatz

Bereits 1830 geplant (unmittelbar nördlich zog die alte Geleitsstraße vorüber), 1864 auf einer Karte „Schillerplatz" genannt. An diesem Platz steht die 1858 errichtete Weihehalle der Frei-religiösen Gemeinde, früher „Deutsch-katholische Kirche".
Mit dem Dichter Friedrich von Schiller (geb. 1759 Marbach/ Württemberg, gest. 1805 Weimar) hatten die Straßentäufer kein rechtes Glück. Die Pechsträhne begann am Aliceplatz im Jahre 1859, als der Platz zu Ehren des großen Schwaben umgetauft werden sollte. Das Volk erschien, aber die Veranstalter ließen auf sich warten. Der Festakt platzte (siehe: Aliceplatz).
Fünfzig Jahre später, 1909 wollte man Versäumtes nachholen und dem Dichter einen Plätscherbrunnen errichten. Spenden flossen, und auf dem Platz schillerte ein Monstrum aus Kunstmarmor im Jugendstil. Das Ding mußte im Winter mit Brettern vernagelt

werden, da die Kunst im Frost zu bröckeln begann. Wie spöttelte der Volksmund!
Am 14. 11. 1939 wurde das zerfallene Wasserspiel abgetragen, und nach dem Krieg schwankten bisweilen Bananenstauden im sommerlichen Straßenwind. Heute ist die denkwürdige Stätte zum Verkehrskreisel degradiert.

Schillerstraße (Bi)
Neuere Straße, benannt nach dem Dichter Friedrich von Schiller (geb. 1759 Marbach/Württemberg, gest. 1805 Weimar). Früher hieß die Straße: Gneisenaustraße, Hindenburgstraße.

Schillstraße
Nach der Jahrhundertwende angelegt und 1809 zur Erinnerung an den Freikorpsführer Major Ferdinand von Schill (1776–1809) benannt, genau 100 Jahre nach dessen Aufstand gegen Napoleon in Stralsund.

Schlesier Straße
Neuere Straße, benannt nach der ehem. preußischen Provinz beiderseits der Oder zwischen der Polnischen Platte und den Sudeten.

Schloßgartenstraße (R)
Ältere Straße, die am Rumpenheimer Schloßpark entlangzieht. Früher: Mühlheimer Straße.

Schloßgrabengasse
Auf dem ehemaligen Schloßgraben angelegt, der das Offenbacher Schloß umgab (siehe: Schloßstraße). Im Jahre 1732 werden 13 Häuser genannt.

Offenbacher Schloß
Ursprünglich eine Wasserburg
1414 Frankfurt beschwert sich über den Ausbau der Burg (Gotik).
1556 (bis 1559) errichtet Graf Reinhard auf den alten Mauerresten ein Schloß (Renaissance).
1564 Schloßbrand.
1568 der Wiederaufbau des Schlosses durch Graf Ludwig III. beendet.

1599 Protestantische Fürsten und andere Adlige tagen im Schloß: Vorbesprechungen zur Gründung einer protestantischen Union.
1628 Graf Wolfgang Heinrich I. umgibt das Schloß mit Wall und Graben. Kurz darauf wird diese Befestigung von Mainzer Truppen zerstört (20. November).
1631 Gustav Adolf, der sich vom 15.–17. November im Schloß aufhält, empfängt Frankfurter Ratsherren, um mit ihnen wegen der Übergabe ihrer Stadt zu verhandeln.
1646 man beginnt mit Bauarbeiten, das Schloß um ein Stockwerk zu erhöhen.

1700 im Schloß befindet sich eine Apotheke (Apothekerin Barbara Hübner).
1741 April/Mai. Die Gesandten einiger Fürsten tagen im Schloß, um über die Einschränkungen kurfürstlicher Vorrechte bei den Kaiserwahlen zu sprechen. Ohne Erfolg. Es profitierte nur die wiedererstandene lutherische Gemeinde, die anläßlich ihrer 1734 eingeweihten und neu errichteten Kirche von den Gesandten Abendmahlgefäße und Geldspenden erhielt.
1750 der Schloßgraben ist verlandet.
1799 Alois Senefelder, der sich in diesem Jahre in Offenbach im Hause André aufhält, arbeitet im Schloß an seiner Erfindung des Steindrucks (Lithographie).

1836 G. W. Bode, der „Alte vom Schloß", Vater des Offenbacher Historienmalers Leopold Bode, gründet im Schloß eine lithographische Anstalt.
1879 Emil Pirazzi veröffentlicht einen Bericht über das Offenbacher Schloß und schickt ihn mit Foto an die Professoren Wilhelm Lübke in Zürich und Jakob Burckhardt in Basel, die das Schloß als einen der zierlichsten Renaissancebauten von ganz Deutschland bezeichnen.

1900 der hessische Staat kauft das Schloß, um es vor dem Verfall zu retten.
1904 (bis 1906) Renovierung durch Prof. Meißner.
1943 20. 12. Luftangriffe.
1944 18. 3.
1951 Beginn des Wiederaufbaues.

Schloßmühlstraße (Bi)

Alte Straße, die nach Heusenstamm zur Schloßmühle führte. Früher: Heusenstammer Straße.

Schloßstraße

Die älteste Straße der Offenbacher Altstadt, auf dem Back-Plan auch „Breite Gaß" genannt, weil sie die breiteste Straße des alten Offenbach gewesen war. 1589 heißt sie im Gerichtsbuch auch „gemein gassen".

Als Mittelachse des von Glocken- und Sandgasse gebildeten Hufeisens, das die Altstadt umschloß, führte sie vom Isenburger Schloß zum Alten Markt (siehe: Marktplatz). Zu beiden Seiten der Gasse standen Hofreiten und Fischerhäuser.

1784 zählte man in den Häusern Nr. 255 bis 294 (andere Numerierung als heute): 31 Arbeiter, 19 Handwerker, 4 Hirten, 2 Gastwirte, 2 Metzger, 2 Taglöhner, je: 1 Lehrer, Fabrikant, Geometer (Nicks), Beamter, Kaufmann. Außerdem: 139 Kinder und 169 sonstige Personen (Witwen, Privatiers u. a.). Insgesamt: 373. Einwohnerzahl 4482.

Schloß: siehe Schloßgrabenstraße.

Lateinschule: 1691 von Hofprediger Bröske gegründet; Unterricht zunächst im Pfarrhaus Ecke Schloß- und Schulstraße (auf dem Gelände der heutigen Rudolf-Koch-Schule).

Der Dorfbrunnen Alt-Offenbachs

Zwischen Schloßstraße und Sandgasse sprudelte die Quelle des Bornbach, dessen Wasser in nördlicher Richtung zum Main floß und die Bornmühle trieb. Um 1850 verschwand der Dorfbrunnen samt Bach in Kanalrohren. Neunzehn Jahre später verteilte man das Bornbachgelände an vierzehn Anlieger.

Die Schiffsbrücke

Hessen-Darmstadt, auf Verkürzung seiner Handelswege nicht weniger bedacht als auf die Umgehung des Frankfurter Brückenzolls, ordnete drei Jahre nach der Übernahme Offenbachs an, in Verlängerung der Schloßstraße über den Main eine Schiffsbrücke zu bauen. Es geschah. Einweihung am 3. 6. 1819. Erstmals konnten Personen und Wagen bei Offenbach den Main überqueren und nach Passieren eines kleinen Streifens Kurhessen bei Vilbel wieder Hessisch-Darmstädter Hoheitsgebiet erreichen. Wie Frankfurt,

doch zu dessen Ärger, besaß Offenbach jetzt eine Nord-Südverbindung.
Reisebequemlichkeit bot diese Route nicht, denn wer zum neuen Bahnhof Mainkur wollte, mußte erst einmal über den Main – bis 1873, dem Eröffnungsjahr der Bebraer Bahn auf Offenbacher Gebiet.
Am 1. 10. 1887, genau am Tage der Einweihung der festen Offenbacher Mainbrücke, ist die alte Schiffsbrücke für immer abgefahren worden.
Seit dem 4. Dezember 1888 Fährbetrieb.

Schmiedegasse (R)
Ältere Gasse, nach der einstigen Dorfschmiede benannt.

Schöffenstraße (Bg)
Ältere Straße, benannt nach Bürgels alter Gerichtsstätte am Maingarten (Schöffenstuhl).

Schönbornstraße (Bg)
Ältere Straße, anläßlich der Eingemeindung benannt nach den Erzbischöfen von Mainz, den Kurfürsten von Schönborn.

Schöne Aussicht
Vor der Fertigstellung des Maindammes im Jahre 1893 gewährte die Straße – ursprünglich das westliche Stück der Obermainstraße – eine schöne Aussicht über den Main nach Fechenheim und Bergen.

Schopenhauerstraße
Der Philosoph Arthur Schopenhauer (geb. 1788 Danzig, gest. 1860 Frankfurt am Main), seit 1831 Wahl-Frankfurter, zuletzt Schöne Aussicht 16 und 17 wohnend, pflegte täglich mit seinem Pudel, seinem „einzigen Menschen", in den Frankfurter Anlagen spazierenzugehen. Auf einem solchen Spaziergang rettete er dem Offenbacher Julius Frank das Leben, dem späteren Goetheforscher, der sich als Junge in einem Anflug von Schwermut im Rechneigraben ertränken wollte.

Schreberstraße

Neuere Straße, im Jahre 1919 nach den in der Nähe gelegenen Schrebergärten benannt. Als Begründer des Kleingartenwesens gilt der Arzt Dr. Daniel Gottlieb Moritz Schreber (1808–1861).

Schubertstraße

Neuere Straße. Franz (Peter) Schubert, Lieder- und Instrumentalkomponist (geb. 1797 Lichtental bei Wien, gest. 1828 Wien). U. a. „Unvollendete", „Forellenquintett", Klavierlieder.

Schuckertweg (Bg)

Neuere Straße, nach dem Industriellen und Physiker Johann Siegmund Schuckert (1846–1895) benannt.

Schulstraße

Ursprünglich „Schloß Gaß", dann 1864 „Schulstraße" genannt nach der 1691 gegründeten Lateinschule im sog. Steinernen Haus, dem Pfarrhaus des Hofpredigers Konrad Bröske, Ecke Schulstraße/Schloßstraße (später Kreßsches und Schmidtsches Haus, dann städtisch; heute Neubau der Rudolf-Koch-Schule, Gymnasium). 1833 war an dieser Stelle ein Schulneubau für die Realschule errichtet worden.

Schumannstraße

Neuere Straße. Robert Schumann, Komponist (1810–1856). Clara Schumann stand in brieflichem Kontakt mit dem Offenbacher Musikverlag Johann André.

Schutzbaumstraße (Bi)

Neuere Straße, benannt nach der Gewann „Bibraer Schutzbaum", was auch „Schutzbann" bedeuten könnte. Jedenfalls ist ein Grenzgebiet gemeint.

Seestraße (Bg)

Ältere Straße, nach dem „Großen See" benannt, einem ehemaligen Flutgraben des Mains.

Seligenstädter Straße (Bi)

Die Häuser an dieser Straße heißen heute noch „Bombardshöhe".
Alfred Kurt[1]) erzählt darüber folgende Geschichte:
„Die meisten Neubauten wurden von den Baumeistern Schultheiß und Burkart errichtet. Wie fast alle Bieberer jener Zeit hatte auch letzterer einen Spitznamen. Er erzählte gerne von der Bombardierung der Stadt Paris, an der er teilgenommen hatte. So nannte man ihn bald „Bombard", denn Burkart gab es über zwei Dutzend."

Senefelderstraße

1830 „Sprendlinger Trift", 1855 „Sprendlinger Weg", 1873 endlich „Senefelderstraße" genannt nach dem Erfinder des Steindrucks, Alois Senefelder (1771–1834).
Alois Senefelder ist in Verbindung mit Anton André zu sehen, der nach dem käuflichen Erwerb sämtlicher Mozarthandschriften in Wien (1799) auf der Rückreise über München den Erfinder der Lithographie veranlaßt hatte, zu ihm nach Offenbach umzusiedeln.
Im Hause André arbeitend, teilweise auch im Schloß (Gedenktafel), vervollständigte Alois Senefelder 1799/1800 seine Erfindung zusammen mit Anton André, und bald gingen Mozartsche Erstdrucke in vollendetem Steindruck in alle Welt. Von Offenbach aus hat die Lithographie, aus der sich der Offset-Druck entwickelte, ihren Siegeszug angetreten.
Am 6. November 1971 wurde die Internationale Senefelderstiftung ins Leben gerufen mit dem Zweck, junge Künstler und Techniker zu fördern und zur Würdigung besonders verdienstvoller Leistungen auf dem Gebiet der Lithographie und des Flachdruckes den Senefelder-Preis zu verleihen.

Sibeliusstraße

Neue Straße, benannt nach dem finnischen Komponisten Jean Sibelius (geb. 1865 Tavastehus, gest. 1957 bei Helsinki). Bekannt ist die Tondichtung „Finlandia".

---

1) Alfred Kurt , Bieber, Geschichte einer Gemeinde, Sonderheft 1 der „Studien und Forschungen", hrsg. von Karl Nahrgang, Ffm. 1963, S. 41.

Siebeneichen (Bi)
Ältere Straße in der Gewann „Im Siebeneichensee", der um 1500 erstmals erwähnt wird. Sieben in der Gewann stehende Eichen hatten dem See seinen Namen gegeben.

Siegfr.-Guggenheim-Weg
Neue Straße, benannt nach dem Rechtsanwalt Dr. Siegfried Guggenheim (geb. 1872 Worms, gest. 1961 New York). Herausgeber des Buches: Aus der Vergangenheit der Israelitischen Gemeinde Offenbach/Main. Ehrenbürger der Stadt 1948.

Siemensstraße (Bg)
Neuere Straße, benannt nach Werner von Siemens (1816–1892), Physiker und Industrieller.

Speyerstraße
Ältere Straße, benannt nach dem Offenbacher Liederkomponisten Wilhelm Speyer (1790–1878).

1784 eingetragen als „Neu anzulegende Straße" auf dem Stadtplan von Ingenieur Nicks (Nix), dem Erbauer des Bernardschen Herrenhauses 1780.
1802 auf Hergenröders Stadtplan noch ohne Benennung.
1861 „Untermain Straße" auf Habermehls Plan, später „Stiftstraße".
1876 „Speyerstraße" auf Vorschlag von Emil Pirazzi.
1933 Admiral-Scheer-Straße.
1945 Umbenennung wieder in Speyerstraße.

Am 21. 6. 1790 in Frankfurt am Main geboren, wuchs der Knabe in der Rokokopracht der elterlichen Villa auf, die auf dem Gelände des heutigen Hochhauses Kaiserstraße 91 gestanden hatte. Talentierter Geiger, Dirigent und Liederkomponist. Niccolo Paganini spielte in einem Konzert am 20. 1. 1831 unter Speyers Leitung im Komödienhaus an der Kirchgasse. Nach diesem denkwürdigen Konzert wechselte Speyer nach Frankfurt über – viele Künstler verließen im 19. Jahrhundert das amusisch gewordene Offenbach – und blieb dort bis zu seinem Lebensende. Er gilt als der Initiator des deutschen Sängerfestes in Frankfurt. Eng befreundet mit dem Arzt Dr. Heinrich Hoffmann, dem Verfasser des „Struwwelpeter".

Spießstraße

1864 geplant, 1868 „Die Allee", 1885 benannt nach dem Begründer des deutschen Schulturnens, Adolf Spieß (1810–1858).
Adolf Spieß ist in dem ehemaligen Bernardschen Musikerhaus, dem Bernardstift (heute Kaiserstraße Nr. 86), aufgewachsen, das der Vater, Pfarrer Balthasar Spieß (1782–1841), nach seiner Versetzung von Lauterbach in Oberhessen bezogen hatte.
Pfarrer Spieß gründete in Offenbach eine Lehr- und Erziehungsanstalt für Kinder und organisierte schließlich das ganze Offenbacher Schulwesen. 1831 siedelte er nach Sprendlingen über.

Sprendlinger Landstraße

Alte Landstraße nach Sprendlingen, von 1818–1820 chaussiert, denn Hessen-Darmstadt, das am 30. 6. 1816 die Stadt Offenbach erworben hatte, förderte den Ausbau aller Straßen, die nach Darmstadt führten.
Ursprünglich zog sie, wie ein Blick auf den Stadtplan zeigt, gradlinig zur Kaiserstraße weiter, mußte aber 1873 dem Schienenstrang der Bebraer Bahn weichen und in Richtung Tulpenhofstraße abknicken. Ihre gradlinigen, von der Bahn getrennten Teilstrecken heißen: Darmstädter- und Rathenaustraße.
Bei Ausschachtungsarbeiten des Hauses 133 sind bandkeramische Steinbeile gefunden worden.

Stadthof

Ein neuer, gut angelegter Platz mit kleiner Anlage (siehe: Marktplatz) als Übergang zum Rathausplatz.

Stadthaus

1767 das Stadthaus wird erbaut von dem hessisch-darmstädtischen Baumeister Christoph Crambs für den Fürstl. Isenburgischen Geheimen Rat Friedrich Brauer.

1783–1822 Residenz des Fürsten Wolfgang Ernst II.

1822–1858 Isenburgischer Hofrat Hauch, dann Staatsrat von Marz.

1858–1921 Rathaus der Stadt.

1921–1944 Stadtverwaltung Offenbach.

1944 18. 3. durch Luftangriff zerstört.

1949 Beseitigung der Trümmer.

Das Stadthaus befand sich an der Frankfurter Straße gegenüber dem Aliceplatz.

Starkenburgring

Im Jahre 1894 beschlossen die Stadtväter die „Herstellung eines großzügig gestalteten Anlagenringes" und benannten ihn gleich nach der hessischen Provinz Starkenburg. Und siehe, die alte Hainstraße, eine Art Feldweg, verwandelte sich in kurzer Zeit in eine breite Anlage. Diese sollte nach dem Willen der Stadtplaner das im gleichen Jahr 1894 eröffnete und damals viel bewunderte Krankenhaus vor künftiger Umbauung schützen und für immer ins Grüne stellen, in einen Grünring, in dem man um die Stadt spazieren konnte.

Das Krankenhausgelände war am 14. 3. 1888 von der Stadt günstig erworben worden (siehe: Tulpenhofstraße).

Staudenstraße (Bg)

Neuere Straße, benannt nach der Gewann „Die hintere Stauden" und „Die vordere Stauden".

Staufenstraße (Bg)

Benannt nach dem schwäbischen Adelsgeschlecht der Staufer, das sich nach der Stammburg auf dem Staufenberg in der schwäbischen Alb nannte (von einer ihrer Burgen führten die Staufer auch den Namen Waiblinger). Der bedeutendste Staufer, Kaiser Friedrich Barbarossa (1152–1190) baute in unsrer Gegend, in Gelnhausen, eine Pfalz zum Schutz der Kinzigtalstraße (siehe: „Welfenstraße"). Aufsehen erregte die Stauferausstellung vom 26. 3. bis 5. 6. 1977 in Stuttgart.

Stauffenbergstraße

Neuere Straße, benannt nach dem deutschen Generalstabsoffizier Claus Graf Schenk von Stauffenberg (1907–1944), der maßgeblich am Widerstand gegen Hitler beteiligt war.

Steinweg (Bi)

Neue Straße, erinnert an die Gewann „Über den Steinweg aufs Weidchen". Steinweg ist eine gepflasterte Straße, wohl römischen Ursprungs.

Von Langen kommend, führte eine Römerstraße längs dem Indianerpfad zur Langener Straße, dann nordöstlich aus Bieber hinaus an einer römischen Siedlung vorüber (siehe: Langener Straße).

Sternstraße (Bg)
Eine der ältesten Straßen Bürgels, früher Maingasse, später nach dem Gasthaus „Zum Goldenen Stern" benannt.

St.-Gilles-Straße
Neuere Straße, benannt nach Offenbachs Partnerstadt Saint-Gilles les Bruxelles (Belgien).

Stiftstraße (Bg)
Eine der ältesten Straßen, anläßlich der Eingemeindung Bürgels nach Offenbach „Stiftstraße" genannt zur Erinnerung an das St. Petersstift in Mainz, dem Bürgel einst zugehörte. Früher: Pfarrgasse, Kirchgasse.
Vermutlich befand sich in Richtung Main eine römische Schiffsbrücke (siehe: Bildstockstraße).

Stoltzestraße (Bi)
Nach dem Frankfurter Heimatdichter Friedrich Stoltze (1816 bis 1891) benannt.

Storchsrain (Bi)
Neuere Straße, benannt nach der Gewann „Der Storchsrain auf die Hasenwiese", an der Bieber gelegen, also in feuchtem Wiesengebiet, im Norden begrenzt vom Lämmerspieler Weg.

Strackgasse (Bg)
Eine der ältesten Straßen Bürgels. Den Namen verdankt sie ihrer Gradlinigkeit.

Strahlenbergerstraße
Nach dem bei Oberrad gelegenen Strahlenberger Hof benannt, einem ehemals Münzbergischen Lehen, das 1311 den Herren von Offenbach und 1591 Johann Strahlenberger von Frankfurt zu Lehen war.

Die Straße gehört, wie schon ihre Gradlinigkeit vermuten läßt, mit der anschließenden Domstraße zu dem nach Bürgel führenden römischen Straßennetz. Im Jahre 1929 war der Ausbau der Straße fertiggestellt (Mainuferstraße).

Sudetenstraße

Neuere Straße, benannt nach einem Gebirgszug in Böhmen, der den dort angesiedelten Sudetendeutschen den Namen gegeben hatte.

Tambourweg (Bi)

Neuere Straße, benannt nach dem „Tambourwäldchen", einem Teil des Waldparks, in dem einst die Spielleute des in Offenbach stationierten Truppenteils zu üben pflegten. Siehe: Grenzstraße (Exerzierplatz).

Tempelseestraße

In den 70er Jahren entstanden und 1876 benannt nach der Gewann „Am Tempelsee". Vergebens wird man nach einem Tempel suchen. Dafür findet man aber einen Tümpel, der sich in einen kleinen Anlagensee verwandelt hat.

Wortumbildung:

1702 deyfels-, doyfels See
1718 Teuffels See
1721 Deubels See
1763 Dembels See

(dey, doy = tief, also ein tiefgelegener See).

Gemeinde Tempelsee (siehe auch: Dag-Hammarsjköld-Platz)

1922 die Kleinwohnungsbaugenossenschaft Odenwaldring plant im Gebiet der Waldstraßenkreuzung beim Nassen Dreieck die ersten 12 Siedlungshäuschen – zur Zeit der Inflation!
1924 die ersten Häuser sind bezugsfertig.
1926 der Brunnenweg wird weiter ausgebaut mit Abzweigungen: Gerhard-Hauptmann-Straße und Freiligrathstraße.
1927 1. März: Gründung der „Gemaa" Tempelsee. Erste Gemaa-Kerb auf einem nahe gelegenen Wiesengelände.
 In den nächsten Jahren erwirbt die Baugenossenschaft Odenwaldring weitere 60 000 m² Baugelände beiderseits des Brunnenwegs für etwa 100 Siedlungshäuser. Ein zwei-

stöckiges Häuschen mit Garten kostet ungefähr 3000 Reichsmark – Selbsthilfe miteingeschlossen.
1933 November: Omnibuslinie.
1935 19. Oktober: Übergabe von 98 Siedlungshäusern.
1950 von diesem Jahr an wird die Siedlung erweitert und ausgebaut mit Hochbauten und Wohnblocks, Waldschule, Laden- und Einkaufszentrum auf dem Gelände der früheren „Prärie", dem Fest- und Spielplatz der Gemaa.

Bisweilen herrscht heute großer Trubel und Jubel an und in der inzwischen errichteten neuen Stadthalle. Aber trotz allem: die Gemaa bleibt die Gemaa!

Thüringer Straße (Bg)

Neuere Straße, benannt nach dem ehem. Freistaat, heute aufgeteilt in die Bezirke Erfurt, Gera und Suhl.

Tilsiter Weg (Bg)

Benannt nach der Stadt Tilsit im ehem. Ostpreußen.

Trappbörnchen (Bi)

Neue Straße; erinnert an die Gewann „Am Trapp unterm Börnchen", eine Gewann, die unmittelbar dem Bieberbach anliegt – mit Bachübergang. Entweder heißt Trapp = Treppe (Bachsteg) oder feuchter Sumpfwiesenboden.

Tulpenhofstraße

1864 geplant, 1873 „Röderstraße" benannt (siehe: Rödernstraße), 1895 wird die „Röderstraße" zwischen Frankfurter Straße und Bismarckstraße in „Tulpenhofstraße" umbenannt. Typische Straße des Westends mit Villen und gepflegten Etagenhäusern.

Tulpenhof

1750 Graumannsches Gut mitten im freien Feld. Das Gut wird von einem Friedrich Philipp Behrends in London aufgekauft und vermutlich dessen Schwester überschrieben, die es ihrem Gemahl, dem Frankfurter Bürger C. P. Weydenbach, vermacht.
1788 hält der in Offenbach aufgekreuzte Sektierer und Abenteurer Bernhard Müller-Proli seinen Einzug. Proli hält sich für einen Propheten, ja sogar für den Messias.

Er gerät mit dem Gesetz in Konflikt und muß 1831 Offenbach und das Land verlassen. In Amerika verschollen.

1827 am 27. 10. erwirbt der Frankfurter Stadtbibliothekar Dr. Johann Georg Goentgen den Besitz für 12 500 Gulden.

1831 ist der neue Besitzer der Holländer Baron Jan Täts von Amerongen. Wert des Gutes mit allem Zubehör: 30 000 Gulden.

1855 verkaufen Amerongens Erben den Besitz von etwa 60 Morgen an einen in Cannes lebenden Karl Friedrich du Fay.
Emil Pirazzi meint, dieser Fay habe den Namen „Tulpenhof" aufgebracht. Andererseits soll Amerongen in Erinnerung an sein tulpenreiches Holland bereits vom Tulpenhof gesprochen haben.
Fays bevollmächtigter Bruder vergrößert das Besitztum auf 100 Morgen.

1860 ist das Gut auf einem Stadtplan erstmals als ausgebauter Hof eingezeichnet.

1867 am 30. 12. neuer Eigentümer: der preußische Oberstleutnant und Kommandeur des Hannoverschen Husarenregiments Nr. 15, Baron Bernhard von Cosel. Der Pensionär hat sich nach Offenbach zurückgezogen, um Landwirtschaft zu betreiben.

1875 Das alte Herrenhaus ersetzt er durch eine neue Villa mit Stallung, Scheune, Remise und Kutscherwohnung. Gutswert: 135 000 Gulden.
Der inzwischen auf 200 Morgen angewachsene Besitz umfaßt ein Gebiet von der Frankfurter Straße bis zur Dicksruhe in einer Breite etwa von der Ludwigstraße bis zum Dreieichpark.

1888 am 14. 3. kann die Stadt Offenbach vom Coselschen Besitztum 40 000 m^2 Baugelände günstig erwerben zur Errichtung des Krankenhauses am heutigen Starkenburgring (Eröffnung am 6. 9. 1894).

Nach 1890 werden die Coselschen Erben mit 383 450 Mark abgefunden. Der große Grundbesitz wird parzelliert und verkauft.
1904 wird der Tulpenhof abgebrochen.

Uhlandstraße (Bi)
Neuere Straße, benannt nach dem schwäbischen Dichter Ludwig Uhland (geb. 1787 Tübingen, gest. 1862 ebd.). Vorher: Boelke-

straße, Siemensstraße. Wie Ernst Moritz Arndt (siehe: Arndtstraße) kam auch Ludwig Uhland im Jahre 1848, da in der Frankfurter Paulskirche das erste deutsche Parlament tagte, mehrmals zu Besuch nach Offenbach in das „Haus auf dem Linsenberg" des Sprachforschers Dr. Karl Ferdinand Becker.

Untergasse (R)
Ältere Straße. Ihre Lage gab ihr den Namen.

Vogelsbergweg
Neuere Straße, benannt nach der 774 m hohen Vulkankuppe Vogelsberg mit seinen nach allen Himmelsrichtungen laufenden Sterntälern. In dem nach Süden gerichteten Reichenbachtal liegt an der Bundesstraße 276 (ab Wächtersbach) Birstein mit dem Schloß, das heute noch von dem Fürsten von Isenburg, einem Nachfahren der ehemaligen Offenbacher Regenten, bewohnt wird. Eine andere Linie der Isenburger ist in Büdingen.
Die wichtigsten Dokumente Offenbacher Stadtgeschichte befinden sich im Archiv des Isenburger Schlosses zu Birstein, heute im Stadtarchiv Offenbach auf Mikrofilm.

Von-Behring-Straße (Bg)
Nach dem Mediziner und Nobelpreisträger Emil von Behring benannt (geb. 1854 Hansdorf/Westpreußen, gest. 1917 Marburg). Er fand die Impfstoffe gegen Diphterie und Tetanus und gründete die Behringwerke in Marburg.

Von-Brentano-Straße (Bi)
Neuere Straße, benannt nach der Familie von Brentano di Tremezzo. Die Linie Tremezzo kam im 17. Jahrhundert nach Deutschland. In Frankfurt gehörte sie dem Rat der Freien Reichsstadt an. 1808 in den hessischen Adelsstand erhoben.

Bettina und Clemens Brentano
Vier unversorgte Enkelkinder mußte Großmutter Laroche in ihr Haus Domstraße 23 aufnehmen, nachdem Tochter Maximiliane und der Schwiegersohn, Kaufmann Peter Anton Brentano, in Frankfurt früh verstorben waren. Die berühmtesten der vier wurden Clemens und Bettina Brentano.

Der 19jährige Clemens hielt es in Offenbach bei der Großmutter und deren veralteten Erziehungsmethoden nicht lange aus. Überall und nirgends zuhause folgte der Dichter dem Lauf des Mains und Rheins, verlor sich nach Regensburg und München, bis ihn schließlich sein Bruder nach Aschaffenburg holte.

Bettina dagegen blieb fast ununterbrochen in Offenbach – von 1798 bis zum Tode der Großmutter im Jahre 1807, also von ihrem 13. bis 22. Lebensjahre. Bettina, die gebürtige Frankfurterin, liebte Offenbach. Mit Vorliebe lag sie in Großmutters Grasgarten und lauschte dem benachbarten Virtuosenorchester des Peter Bernard. Später korrespondierte Bettina mit Goethe und Beethoven.

Von-Gluck-Straße
Neuere Straße, benannt nach dem Komponisten Christoph Willibald von Gluck (geb. 1714 Erasbach/Oberpfalz, gest. 1787 Wien). Gluck gilt als Reformator der deutschen Oper (u. a. ,,Orpheus und Euridice").

Waitzenäckerstraße (R)
Ältere Straße, nach einer Gewann benannt. Früher: Seestraße.

Waldenburger Weg
Neuere Straße, benannt nach der Stadt Waldenburg in Niederschlesien, östlich des Riesengebirges gelegen im Waldenburger Bergland.

Waldhofstraße (Bi)
Ältere Straße an der alten Gewann ,,Waldhof" im Südosten Biebers, etwa zwischen Autobahn und der Bahnstrecke Offenbach–Dieburg.

Gehöft Waldhof
1829 von Graf Portrellé erbaut, fiel später mit den Waldungen an den Landgrafen Georg Karl von Hessen zu Rumpenheim. Danach im Besitz der Stadt Offenbach.

Waldstraße
1750 ,,Straß nach Darm-Stadt" genannt.
1825 ,,Seewasserweg", auch ,,Triftstraße", weil auf ihr die Hirten das Vieh zur Weide hinaustrieben (bis 1864).

1830 auf einer Karte „Waldstraße".
Wer auf Offenbachs großer Ausfallsstraße nach Süden spaziert, durchschreitet zweieinhalb Jahrhunderte Offenbacher Stadtentwicklung:

Ausgangspunkt Markt:	Hugenottensiedlung nach 1700
Geleitsstraße–Bahn:	Bebauung bis 1830, heute Geschäftsstraße
Bahn–Friedrichs-/Hessenring:	Bebauung bis 1900, Wohnviertel mit einzelnen Geschäften
Friedrichs-/Hessenring–Odenwaldring	Bebauung nach 1900, Wohnviertel
Odenwaldring–Wald:	neue Bebauungsepoche, Industriegebiet
Wald (endlich!):	Vorort Tempelsee, die „Gemaa".

Wie es um 1900 in der Waldstraße ausgesehen hat, überliefert uns der Bericht einer Offenbacherin:
„Zwischen Markt und Marienstraße standen kleine Häuser. Die Bahnlinie nach Bebra führte damals noch zu ebener Erde durch Offenbach, und an der Waldstraße befand sich eine Barriere, die von einem Schrankenwärter bedient wurde. Für eilige Fußgänger, die es auch schon um 1900 gab, war ein Steg da. Von ihm aus konnte man den Lokomotiven in den Schornstein spucken.
An der Mathildenstraße zweigte ein Schienenstrang von der Hauptstraße nach Süden ab. Von hier aus fuhr ein Bähnle, Lok und vier oder fünf Wagen mit Gebimmel die Waldstraße entlang zur ehemaligen Portland-Zementfabrik (späteres IRO-Lager). Manchmal, wenn uns der Lokführer rechtzeitig sah, durften wir Kinder mitfahren.
Der Lutherplatz war zu jener Zeit ein freies Terrain, anstelle der Lutherkirche gab es ein kleines Häuschen in einem großen verwilderten Garten, rechts standen nur einige alte Häuser. Dann kamen bis zur Gabelsbergerstraße Wiesen und unbebaute Grundstücke.
Wo heute die Albert-Schweitzer-Schule steht, lag der Friedensplatz, groß und sandig. Wir Kinder spielten dort gern, und an warmen Sommertagen wurden hier Volksfeste veranstaltet mit Karussells, und hin und wieder schlug ein Zirkus sein Zelt auf.
Wo heute die AOK steht, lag inmitten eines herrlichen Gartens die Villa André, dann folgten noch einige Häuser und Fabriken. Hinter der MSO begann ein dichter Buchen- und Eichenwald. Die

abgerissene Tempelseemühle lag bereits in tiefer Abgeschiedenheit von der Stadt. Es war ein geruhsames Leben in der damaligen Waldstraße. Abends lag sie friedlich und nur von ein paar trüben Laternen beleuchtet da. Nur in den Nächten am Wochenende hallten manchmal laute Hilferufe durch das Dunkel, wenn es in einem Gasthof an der Ecke Wald- und Lindenstraße Hiebe setzte."

Walpertswiesenweg (Bi)
Neuere Straße, erinnert an die Gewann „Am Kandel in der Walpertswiese" = Wiese am Kandel (Kandel = Bach).
Der Zins dieser Wiese war an Walpurga abzuliefern. Dadurch erhielt sie ihren Namen.

Wassertürme (Bg)
Neue Straße, benannt nach den im Jahre 1967 errichteten Wassertürmen auf dem Bieberer Berg.

Weikertsblochstraße
Neuere Straße, benannt nach der Gewann „Weikertsbloch", die auf das Geschlecht der Familie Wicger von Ovenbach zurückgeht. Der Name wird in einer Urkunde von 1232 genannt, die eine Landschenkung regelt.
1904 wird die Straße erstmals in einem Adreßbuch erwähnt. 1927 sechs Wohnhäuser. Heute eine gepflegte Wohnstraße.

Weinbergstraße (Bi)
Siehe: Wingertstraße.

Welfenstraße (Bg)
Neuere Straße, benannt nach einer der ältesten deutschen Dynastien. Nicht ohne Absicht legte man die Straße in unmittelbare Nähe der Staufenstraße, beide durch die Stiftstraße voneinander getrennt. Endgültig getrennt war auch die Fürstenfamilie der Welfen von den mächtigen Staufern, den Waiblingern, nachdem der Staufe Friedrich Barbarossa den Welfenherzog Heinrich XII., den Löwen (1156–1180), stürzen mußte. Nur die Stammlande Braunschweig und Lüneburg sind dem Löwen geblieben. Der Schlachtruf „Hie Welf, hie Waibling" hallte durch das damalige Deutschland (siehe: Staufenstraße).

Bekannt ist der Welfenschatz, eine Sammlung kirchlicher Gegenstände, die auf Stiftungen der Welfen zurückgehen.

Wenkenwiesenweg (Bi)
Neue Benennung in Erinnerung an die Gewann „Die Wenkenwiesen" = Grasland.

Wiener Ring (Bi)
Früher: Taunusring.

Wiesenstraße
Um 1870 in einem Wiesenland (wie viele Offenbacher Straßen) südlich der Feldstraße angelegt.

Wikingerstraße (Bi)
Neuere Straße. Früher: Bachgasse.
Wenn man bedenkt, daß die Wikinger einst rheinaufwärts bis Mainz vordrangen, Pferde requirierten und beritten durchs Land streiften, dann ist dieser Straßenname gar nicht so willkürlich gewählt, wie es zunächst scheinen mag. Es können sich Wikinger nach Bieber verirrt haben.

Wilhelm-Busch-Straße (R)
Neuere Straße, benannt nach dem Zeichner und Dichter Wilhelm Busch (geb. 1832 Wiedensahl/Hannover, gest. 1908 Mechtshausen/Harz). Weltberühmt sind Buschs Lausbuben „Max und Moritz".

Wilhelm-Leuschner-Straße
Neuere Straße, benannt nach Wilhelm Leuschner.
Hessischer Minister und Widerstandskämpfer, ermordet nach dem 20. Juli 1944.

Wilhelm-Schramm-Straße
Neuere Straße, benannt nach dem Offenbacher Lackfabrikanten Wilhelm Schramm (geb. 1846 Offenbach, gest. 1909 ebd.). Im Jahre 1905 vermachte Frau Johanna Schramm, geb. Pfaltz, der Gemeinde Bürgel unter der Bezeichnung „Schrammstiftung" die Summe von 25 000 Mark für wohltätige Zwecke.

Wilhelmsplatz

Ursprünglich Friedhof, heute Marktplatz. Benannt nach Kaiser Wilhelm I. (1797–1888).

1744 in einem Grundbuch „Hinter dem Friedhof".
1750 auf dem Back-Plan „Kirch-Hoff".
1830 „Friedhof".
1832 am 15. Dezember wird der Friedhof geschlossen. Nachkommen alter Offenbacher Familien verlegen Gräber und Grabsteine ihrer Angehörigen auf den am gleichen Tag neu eröffneten Alten Friedhof an der Mathildenstraße, so z. B. die Familie Bernard, d'Orville, André, Metzler, Pirazzi.
1864 der Friedhof wird abgeräumt.
1866 letzte Friedhofspuren werden beseitigt, der Platz wird eingeebnet.
1868 erster Viehmarkt (Neumarkt).
1876 Benennung „Wilhelmsplatz". Wie viele Offenbacher Straßen der 70er Jahre verdankt auch der Wilhelmsplatz seinen festen Untergrund den französischen Reparationsgeldern des Krieges von 1870/71. Der Platz wird von Häusern umbaut, die bis heute die Wirren der Zeiten zu überleben vermochten.
1887 anläßlich des 90. Geburtstages Kaiser Wilhelms I. wurde am 22. 3., dem „Sedanstag", auf dem Platz eine Eiche und ein Gedenkstein gesetzt (1925 wieder entfernt).
1903 erste Wochenmärkte, Umbenennung in „Neumarkt".
1911 Errichtung des Marktmeisterhäuschens.
1918 im November proben Revolutionäre den Aufstand.
1919 am Karfreitag marschieren Kolonnen zur Kaserne, dem heutigen Finanzamt. Todesopfer.
1937 am 22. Mai Umbenennung in „Platz der SA".
1945 wieder „Wilhelmsplatz". Bis heute. Außerhalb der Markttage ist der Wilhelmsplatz zum Parken freigegeben.

Wilhelmstraße

Nach 1864 angelegt im Gewann „Im Lindenfeld auf dem alten Friedhof".
1875 „Ahornstraße", 1876 „Wilhelmstraße" nach Kaiser Wilhelm I. (1797–1888).

Wilhelm-Weber-Weg

Neue Straße, benannt nach dem Reichstagsabgeordneten Wilhelm Weber (1876–1959).

Willemerstraße

Neuere Straße, benannt nach Marianne von Willemer (geb. Jung, 1784 Linz, gest. 1860 Frankfurt/Main), einer Tänzerin, die der reiche und vom österreichischen Kaiser geadelte Frankfurter Bankier Johann Jakob von Willemer sofort heiratete, nachdem er sie in Frankfurt auf der Bühne gesehen hatte.
Nach seinem letzten Besuch in Offenbach, am 24. 8. 1815, nahm Goethe an der Geburtstagsfeier in der Gerbermühle teil (28. 8.), die den Willemers gehörte.

Wingertstraße (Bi)

Kurz vor 1900 entstanden und nach der Gewann „Wingertsfeld" benannt, einem Weingartengebiet, das auch mit Obstbäumen bestanden war. Spazierte man um 1820 von Offenbach nach Bieber, sah man links und rechts nur Obst- und Weingärten.
Auch in Offenbach ist Wein angebaut worden, bereits im Mittelalter zwischen Sandgasse und Biergrund.
Ebenso in der Oberräder Gemarkung und auf dem Sachsenhäuser Berg, „wo ich die Stufen, welche nach den Weingärten hinaufführten, an ihrem kalkweißen Scheine erkannt" – schreibt Goethe über seinen nächtlichen Spaziergang von Offenbach nach Frankfurt im Lilisommer des Jahres 1775.

Wintergasse (Bg)

Ältere Straße, nach ihren Erbauern benannt, den Maurermeistern Adam und Wilhelm Winter (19. Jahrhundert).

Wolframstraße

Neuere Straße, benannt nach dem fränkischen Ritter und Minnesänger Wolfram aus Eschenbach bei Ansbach, genannt Wolfram von Eschenbach (1170–1220). Sein Hauptwerk „Parzival" hat er zum größten Teil als Gast bei Ruperts von Durne auf der Staufischen Wildenburg bei Amorbach geschrieben.

Wolfsheckenweg (Bi)
Benannt nach der Gewann „Auf die Wolfshecken und das Mauerfeld". Der Wolf war vor hundert Jahren noch gefürchtet, weil er das Vieh anfiel. Man schützte sich durch Hecken, Zäune oder Mauern.

Würzburger Straße (Bi)
Neuere Straße, nach der Hauptstadt des Frankenlandes benannt. Vorher: Derfflinger- und Lämmerspieler Straße.
Zwischen der Würzburger Straße und der B 448 lag eine römische Siedlung mit römischen Gräbern.

Yorkstraße (Bi)
Neuere Straße, benannt nach dem Freiheitshelden Feldmarschall Hans David Ludwig York von Wartenburg (1759–1830). Vorher: Lützowstraße.

Ziegelstraße
1870 angelegt und nach nahe gelegenen Ziegeleien benannt. Wie aus dem Back-Plan von 1750 zu ersehen, stand genau an der Ecke der heutigen Waldstraße/Bieberer Straße eine Ziegelhütte, die älteste Offenbachs, und mitten auf dem jetzigen Markt das Ziegeltor, das die Schloßstraße nach Süden sperrte (auch Hanauer Tor, Obertor, Galgentor und Markttor genannt).
1889 konnte die Ziegelstraße vom Großen Biergrund zur Schloßstraße durchbrochen werden, nachdem das dem Landwirt und Sektierer Peter Herrmann (Parre Herrmann) gehörende Wohnhaus an der Schloßstraße testamentarisch der Stadt zugefallen war und beseitigt werden konnte.

Literaturverzeichnis

Joh. Gg. Jost, Entwicklung des Offenbacher Straßennetzes, in: Offenbacher Monatsrundschau 1940, 8, S. 46 f.

Gertrud Jost, Die Namen der Gemarkung Offenbach, Gießen 1941.

Georg Hoffmann, Offenbacher Stadtgeschichte in Zahlen, Offenbacher Geschichtsblätter Nr. 7, Offenbach 1957.

Alfred Kurt, Tausend Jahre Offenbach 977–1977, Offenbacher Geschichtsblätter Nr. 26, Offenbach 1977.

Bieber, Geschichte einer Gemeinde, Frankfurt/M. 1963.

Karl Nahrgang, Stadt und Landkreis Offenbach a. M., Atlas für Siedlungskunde, Verkehr, Verwaltung, Wirtschaft und Kultur, Frankfurt/M. 1963.

W. Müller, Hessisches Ortsnamenbuch I, Starkenburg; Darmstadt 1937 (Neudruck 1972).

W. Schwarz, Die alten Namen der Gemarkung Offenbach/Bieber, Offenbacher Geschichtsblätter Nr. 12, Offenbach 1963.

C. Lammert, Geschichte von Bürgel am Main, Bürgel 1899.

Rumpenheimer Festschrift 1970, 1200 Jahre Rumpenheim.

L. Schmidt, Führer durch Offenbach und Umgebung, Offenbach 1895.

E. Pirazzi, Bilder und Geschichten aus Offenbachs Vergangenheit, Offenbach 1879.

Josef Wingenfeld, Und alle kamen nach Offenbach, Aufstieg zur Stadt vor 200 Jahren, Offenbach 1975.

Kunstdenkmäler im Großherzogtum Hessen, Starkenburg, Kreis Offenbach, Darmstadt 1885.

Tagebücher der Frau Bernard 1774–1803 *(Privatbesitz).*

Offenbacher Straßennamen, St. A. Offenbach *(Werner Münzberg).*

Straßennamenverzeichnis des Städtischen Vermessungsamtes *(Horst Scheuermann).*

Straßenpläne von 1750, 1802, 1830, 1832, 1855, 1860, 1861, 1864, 1875, 1876, 1879, 1883, 1885, 1888, 1891, 1895, 1900, 1901, 1905 und neue Pläne.

Namen- und Sachverzeichnis

Adolf, Gustav 116
Amtsgerichtsgebäude 77
Amtmann 10, 39, 101
André, Johann und Anton 12, 24, 40, 57, 59, 70
Anlagenring 16, 35, 42, 59, 75, 80, 96, 107, 123
Äpfelallee 25, 31
Armenhäuser 77
Ausgrabungen
    Franken 49, 53
    Römer 23, 34, 86, 110, 135
    Steinzeit 65, 94, 122
Aussichtsturm 20, 23
Autobahn 17, 92

Badeanstalt 98
Batz, Philipp (Philosoph) 97
Bernard
    Nikolaus 11, 31
    Peter 12, 31, 73, 74, 86, 129
Bernardstift 31, 77, 122
Bieber(Bieger-)mark 54, 61, 66, 111
Bicycle-Club 99
Bismarck 26, 35
Brentano
    Bettina 32, 92
    Clemens 92
    Peter Anton 92
Bröske, Konrad 119
Brücken
    Mainbrücke 84, 118
    Schiffsbrücke 13, 48, 84, 117
Buchrainweiher 43
Bürger- und Oberbürgermeister
    Brink, Wilhelm 37
    Budden, Jonas 39
    Dick, Joh. Heinrich 37, 41
    d'Orville, Peter Georg 7, 39
    Lammert, Kaspar 90
Büsing, Adolf von 73, 99

Büsingpalais	73, 99
Fördergemeinschaft zum Wiederaufbau	74
Herrenhaus, Bernard-d'Orvillesches	74

Chemiker
   Arthur Zitscher 27, 57
   Eduard Oehler 44, 61
   Kékulé, Friedrich August 85
   Laskas, August Leopold 92
   Liebig, Justus von 94

Dalles (Bürgerplatz in Bürgel) 39
Dettingen, Schlacht und Tedeum 64
Dick, Heinrich 37, 41
Dorfbrunnen 117
Dreieich 42, 69
d'Orville, Peter Georg 7, 39

Eberhardt, H. 78, 96
Einwohner 1784
   Domstraße 42
   Frankfurter Straße 50
   Glockengasse 58
   Große Marktstraße (Judengasse) 62
   Herrnstraße 72
   Markt 100
   Sandgasse 113
   Schloßstraße 117
Eisenbahnen
   Lokalbahn
   (1846 Güterverkehr, 1848 Personenverkehr) 29, 96
   Bebraer Bahn (1873) 36, 48, 63, 122, 130
   Bieber-Dietzenbach (1896)
   Offenbach-Dietzenbach (1898)
v. Ertmann, Dorothea 11
Europapreis 17, 109

Fähre 48
Fayencen 28
Flachszubereitung 27
Frank, Baron (Sektierer) 28
Frank, Julius (Goetheforscher) 118
Freireligiöse Gemeinde 114
Friedhöfe 53
Fuchs, Carlo (Cellist) 34

Galgen	113
Gänsbach	66
Gartenhaus	73
Gaswerk	24
Gaudelius	100
Geleit	12, 23, 33, 50, 56, 83
Gemeinde, Alt- und Neu-	10, 39, 99
Gerbermühle	134
Graumann, Dorothea	30

Grenzen
    Ostgrenze 11, 13, 54, 61, 66
    Westgrenze 20, 39
Grenzbach 29, 66
Gutenbergdenkmal 64

Hainbach 11, 38, 54, 61, 66
Haydn, Joseph 69
Heimatforscher
    August Hecht 28
    Brockmann, Karl 38
    Johannes Morhart 81
    Karl Nahrgang 85
    Pirazzi, Emil 26, 108
Helmesdörfer, Dr. 27
Herrenhaus, Bernard-d'Orvillesches 12, 37, 73
Hessen
    Großherzog Ludwig 96
    Großherzogin Alice Maud Mary 19
    Großherzogin Luise 97
    Großherzogin Mathilde 102
    Landgraf Friedrich 91
    Prinz Georg 109
Hochwasserdamm 98
Hoffmann, Dr. Heinrich 79, 121
Hospital 77
Hübner, Barbara 116
Hugenotten 10, 62, 78

Indianerpfad 91, 124
Ingenieure, Mathematiker, Physiker
    Benz, Carl 31
    Bosch, Robert 36
    Daimler, Gottlieb Wilhelm 40
    Diesel, Rudolf 41

        Ferdinand Porsche 49
        Gauß, Carl Friedrich 55
        Hertz, Heinrich Rudolf 74
        Nix, Erbauer des Herrenhauses 73, 117
        Lilienthal, Otto 94
Isenburger Grafen und Fürsten
        Johann Philipp 10, 33, 61, 72, 78
        Karl Ludwig Moritz 85
        Wolfgang Ernst II. 12, 19, 50

Kaiserkrönungen 33, 56
Kaiserlei 47, 82
Kaserne
        Alte 33, 62
        Neue 34, 85
Käsmühle 23
Keller, Bildhauer 20
Knochenmühle 51, 102
Koch, Rudolf 87
Köchelverzeichnis 105
Komödienhaus 86
Krankenhaus 123

Landesgrenze 39, 90
Landwehren 23
Lateinschule 119
Ledermuseum, Deutsches 78
Lithographie 12, 24, 120
Lokalbahn 29, 96

Mainbrücke 13, 84
Maindamm 98, 118
Mainfähre 48
Mainpark 14, 24, 65
Maler, Offenbacher
        Aulmann, Johann Christian 29
        Dielmann, Jakob Fürchtegott 41
        Georg Oswald May 57
        Hergenröder, Georg Heinrich 60, 71
        Leopold Bode 87, 93
        Riesbeck, Christian Ludwig 95
Markt
        Alter Markt 10, 99
        Neumarkt 53, 100

Messen, Frankfurter	12, 50, 56
Metzler, Geheimrat	7, 59
Meyer, Hofrat	59, 71, 100
Mogk, Dr. (Arzt)	46
Moltke	43, 83, 99
Mozart	12, 24, 104, 120
Mühlen	
Biebelsmühle	43
Bornmühle	117
Bieberer Mühlen	106
Lauterbornmühle	92
Tannersche Mühle (Mainmühle)	68
Tempelseemühle	66
Webes- oder Quantzenmühle	34, 68
Müller-Proli	126
Musiker	
André, Johann und André	12, 24, 40, 120
Anton Bruckner	25
Beethoven, Ludwig van	30
Bernard, Peter	12, 31, 73
Brahms, Johannes	36
Carl Maria von Weber	39
Felix Mendelssohn	48
Franz Liszt	52
Händel, Georg Friedrich	64
Haydn, Joseph	69
Hugo Wolf	78
Humperdinck, Engelbert	79
Jacques Offenbach	80
Johann Strauß	81
Lortzing, Albert	95
Max Reger	103
Mozart, Wolfgang	12, 24, 104, 120
Richard Wagner	39, 110
Schubert, Franz	119
Schumann, Robert	119
Sibelius, Jean	120
Von Gluck, Willibald	129
Musikerhaus	31, 77, 122
Musikkapelle	12, 31, 32, 74, 129
Naphtholchemie	27, 45, 48
Neumeyer, Johanna	110
Nix, Erbauer des Herrenhauses	73, 121

Oberschultheiß 39, 101
d'Orville
    Peter Georg, erster Bürgermeister (keine Str.) 7, 12, 74
    Jean Georg 74

Paganini, Niccolo 86, 121
Parre Herrmann 71, 135
Pirazzi, Emil 26, 108, 116
Polackengarten 28
Politiker
    August Bebel 28
    Bismarck, Otto von 26, 35
    Blücher, Gebhard Leberecht 36
    Carl Legien 39
    Carl von Ossietzky 40
    Christian Pleß 40
    Dag Hammarsjköld 40
    Erich Ollenhauer 46
    Frhr. vom Stein 53
    Fritz Erler 54
    Fritz Remy 55
    Gustav Stresemann 64
    J. F. Kennedy 81
    Julius Leber 81
    Konrad Adenauer 88
    Kurt Schumacher 90
    Lützow, Adolf von 97
    Matthias Erzberger 102
    Otto Scheugenpflug 107
Portefeuiller-Damm 90, 98
Post 20, 33, 80, 89

Radclub 99
Rathaus 73, 100
Raupp, Stadtbaumeister 7, 20, 65, 86
Realschule 119
Revolution März 1848 30
Riesbeck, Ludwig (Maler) 95
Römer 23, 26, 34, 110, 123, 135

Schloß 10, 108, 115
Schlossers Liegenschaft 86
Schloßkirche 86
Schnegelbach (Gäns-, Grenzbach) 11, 54, 61, 66

Schoenemann, Lili 59, 94
Schiffsbrücke 13, 48, 117
Schriftsteller, Dichter
    Anzengruber 25
    Arndt 26
    Arnoldus Bergellanus 27
    Bertha von Suttner 32
    Bert Brecht 32
    Bettina (Brentano) 32
    Eberhard von Rochow 44
    Fichte 49
    Freiligrath 53
    Georg Büchner 57
    Gerhart Hauptmann 57
    Goethe 59
    Grimm 61
    Hauff 69
    Heinrich Heine 70
    Herder 70
    Hermann Löns 71
    Herzog 75
    Hölderlin 76
    Humboldt 78
    Kant 84
    Karl Ferdinand Becker 84
    Klopstock 88
    Körner 88
    Kurt Tucholsky 90
    Laroche 59, 91
    Lessing 93
    Rosegger 112
    Scheffel 114
    Schiller 115
    Uhland 127
    Von Brentano 128
Sektierer
    Baron Frank 28
    Müller-Proli 126
    Parre Hermann 135
Senefelder, Alois 12, 24, 116, 120
Seume, Johann Gottfried 100
Siechenhäuser 77
Sonnemann, Leopold 93
Spicharz, Philipp Jakob 57

Stadtgarten 86
Stadtgrenze 11, 13, 20, 54, 61
Stadthaus 19, 122
Stadtkrankenhaus 77, 123
Stadtwerke 24
Stein, Charlotte von 26
Steindruck 12, 24, 120
Straßenbahn 51
Straßenbeleuchtung
    1798/99 Öl-Laternen
    1848   erste Gasbeleuchtung
    1866   in Bürgel als erster Landgemeinde Hessens die Gasbeleuchtung eingeführt
    1879   erstes elektrisches Licht anläßlich der hessischen Landesgewerbeausstellung vom 2.–6. Oktober 1879 (Dreieichring)
Synagoge 62

Theater, altes 86
Theater, neues 62
Tore
    Falltor 47
    Frankfurter Tor 11, 12, 19, 50
    Galgen- und Ziegeltor 11, 50, 100, 135
Türme 58

Uhrtürmchen (Zwiwwel) 100
Ulrich, Carl 84
Umlandverband 17

Virtuosenkapelle 12, 31, 32, 74, 129
Völker, Franz 110

Wecker, Karl Theodor 43
Weinbau 134
Woog 62, 68, 87

Zwiwwel (Uhrtürmchen) 100